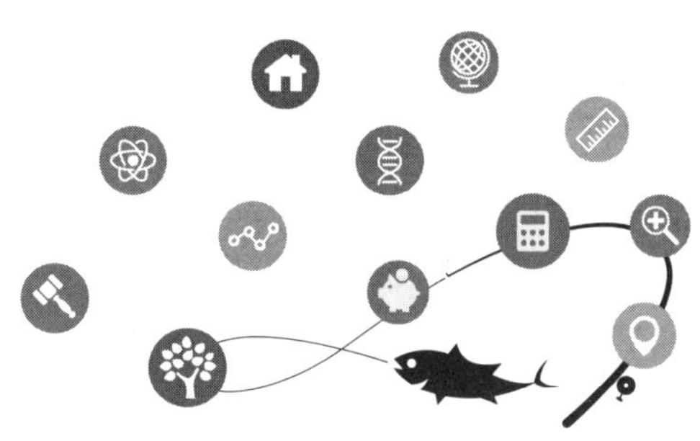

Beyond Financial Inclusion

超越普惠金融

贝多广 莫秀根 ◎ 主编

中国金融出版社

责任编辑：贾　真
责任校对：李俊英
责任印制：赵燕红

图书在版编目（CIP）数据

超越普惠金融（Chaoyue Puhui Jinrong）/贝多广，莫秀根主编．—北京：中国金融出版社，2018.4
ISBN 978-7-5049-9498-1

Ⅰ.①超…　Ⅱ.①贝…②莫…　Ⅲ.①金融体系—研究—中国　Ⅳ.①F832.1

中国版本图书馆CIP数据核字（2018）第052612号

出版发行　中国金融出版社
社址　北京市丰台区益泽路2号
市场开发部　(010)63266347，63805472，63439533（传真）
网上书店　http://www.chinafph.com
(010)63286832，63365686（传真）
读者服务部　(010)66070833，62568380
邮编　100071
经销　新华书店
印刷　北京市松源印刷有限公司
尺寸　155毫米×228毫米
印张　12.5
字数　140千
版次　2018年4月第1版
印次　2018年4月第1次印刷
定价　40.00元
ISBN 978-7-5049-9498-1
如出现印装错误本社负责调换　联系电话（010）63263947

本书编委会

主　　编：贝多广　莫秀根

编委成员（按姓氏拼音为序）：

贝多广　陈宇淇　程　华　丁　玉
耿传辉　黄媚媚　李　焰　刘　勇
罗　煜　莫秀根　石宝峰　吴本健
伍　聪　谢朝阳　谢梅芳　熊学萍
叶海靖　曾恋云　张　锐　张晓峰
朱一鸣

赞助单位及机构：

Visa 公司

宜信普惠

浙江省农村信用社联合社

中国信托业保障基金有限责任公司

中航信托

前言

PREFACE

普惠金融事业正在祖国大地如火如荼地全面展开，中小银行采取下沉战略仍然是金融界的主旋律，农村信用社和农村商业银行正在自己的特长基础上加快引进技术手段来提升服务水平，大型银行甚至超级银行也掀起了一场以建立普惠金融事业部为标志的貌似正规战的普惠金融新潮。在保险领域，已经有几家保险公司撸起袖子准备投入这片蓝海。证券行业也传来令人鼓舞的消息，有证券公司涉入扶贫色彩的债券发行，拟上市公司在贫困地区可以获得发行IPO的绿色通道。在非银行的信贷领域，小额贷款公司已经从行业困境中慢慢找到自身的定位和出路。网络上的小额贷款公司更是表现出创新形式的优势。整个数字化普惠金融更是光彩夺目，中国人的新型支付手段让全球人士大跌眼镜。数字化理财、网络保险以及建立在大数据基础上的征信产品尽管引来纷纷议论，但其生命力及独特价值已日益得到人们的认可。可以预见，以此态势推进的普惠金融事业将迸发出从未有过的能量并加速实现人们一直追求的目标。

当然，在欢快声中要保持足够的清醒。与国际经验相比，中国的普惠金融实践发展历史相对较短，经验和教训的总结尚付阙如。由于中国特定的国情背景，非营利组织发展比较迟缓。在其他国家主要依赖非营利组织推动的事情，在我国只能依赖企业或政府来完成。这就带来一些派生的问题。比如，企业一般唯商业利益为是，而且有较强的时间压力，这样就使得原本可能需要公益性社会企业慢工出的细活异化成急功近利的商业快餐。如果让政府来做，往往效率很高，但却失去市场和商业可持续的势能。

2017 年有机会参加中国普惠金融研究院（CAFI）组办的在亚洲三国的学习访问，了解国际普惠金融领域非常著名的几家机构，其中孟加拉乡村发展委员会（BRAC）和印度尼西亚人民银行（BRI）给人留下深刻印象。BRAC 可能是全球致力于普惠金融事业的最大非营利组织，除了小额信贷业务之外，还有不少其他业务活动，如银行、教育、零售以及各种大大小小的企业，各类雇员高达 11 万人，其中 72% 为女性。它的模式是一经确认贫困群体不仅仅缺少金融服务，而且还缺少教育医疗等，它就一应俱全地去提供。BRI 也很有特色，它是一家从国有银行转型的专门从事普惠金融的银行，如今已自己发射了卫星以覆盖印度尼西亚 1 万多个分布广泛的岛屿。

有趣的是，BRI 的经营一直不错，但针对微型金融最大的成本是人力成本这一特点，它建立了代理商制度，让经过严格挑选的最优秀客户成为银行的代理营销员，从而进一步降低成本。这充分说明，即使从事普惠金融数十年，经验丰富，全球上乘，但仍需不断进取以提高自身的服务能力。

实际上，从这些案例中我们可以得到的启示是，普惠金融既非仅融资而已，更不是一劳永逸的事业，需要不断进取，不断提高。其中的核心概念就是能力建设。对于被服务对象，如中小微企业和弱势家庭，不仅关注对他们的金融服务，更应了解他们在生存发展中的其他需求。对于服务提供者而言，自身的能力建设可能更为重要。

普惠金融以超出预料的速度在全国发展，其概念成为方方面面的大旗，当然，主要还是停留在金融层面，以解决融资贵和融资难的问题。但是，当我们确定普惠金融的主要服务对象是“中小微弱”的时候，我们很快就会发现，对于“中小微弱”来说，金融只是一方面的痛点，更重要的是能力问题。比如，弱势群体中的家庭大多对金融充满恐惧，或感觉非常神秘。换言之，更多的是金融知识和金融素养匮乏的问题。对于中小微企业而言，更是涉及商业模式、竞争能力、产品生命周期等一系列要素，绝非给一笔贷款就能做强做大那么简单。即使在金融范畴，普惠金融也不仅仅局限于小额贷款。“中小微弱”是由若干个细分市场组成的，有必要对每一个细分市场作出具有针对性的金融服务安排。大量调研证明，中小微企业

的生存特征往往更需要有价值的股权类的天使投资、风险投资或者具有创新特质的众筹等融资模式。换言之，多层次的资本市场是普惠金融发展中的重要条件。在本书中，我们对这些问题都有所涉猎。

国际上关于能力建设的文献可以说是汗牛充栋，但大多集中于家庭的金融能力建设范围，如金融教育和金融素养。中国的实践让我们清晰地观察到，家庭的能力建设是普惠金融的一个基础层面的内容，而从事提供普惠金融服务的各类机构，不管是持牌的金融机构还是虽非持牌但却实实在在提供金融服务的机构，都有一个能力建设的问题。事实上，当这些从事普惠金融的机构自身能力平平，如病态的公司治理和模糊的战略定位等，我们很难预期它们能够有效地推进普惠金融事业的发展。再进一步，提供普惠金融基础设施以及执行金融监管职能的各级政府机关和监管机构也有一个能力建设的问题。甚至从国家层面看，普惠金融发展战略的制定、实施、评估以及协调，都牵扯到大量与能力相关的因素。比如，在中国背景之下，如何调动现有金融体系资源特别是几家大型商业银行推进普惠金融的发展，完全是一项亟待探讨和实践的课题。在为“中小微弱”服务的过程中，监管机构如何针对细分市场作出细分的监管安排，更是很大的挑战，但这又是推进普惠金融所必需的。更何况在当今数字化时代，无论是家庭、机构还是政府，都面临着全新的场景。最近一段时期关于网络借贷中的现金贷问题，集中暴露出借款人对数字金融知识和自我保护能力的缺失，一些金融服务机构急功近利以创新为名行不负责任之实，以及政府监管仓促应战任性剃车但又感力不从心。实际上，这些都与能力建设相关。

总而言之，能力建设是一个浩大的题目，本书以超越普惠金融概念出发，侧重于探讨普惠金融与能力建设之间的相互关系，至多只是破了题。今后的研究和实践将纷至沓来。若是，我们已经感到莫大的欣慰了！

贝多广
2018 年 2 月 3 日

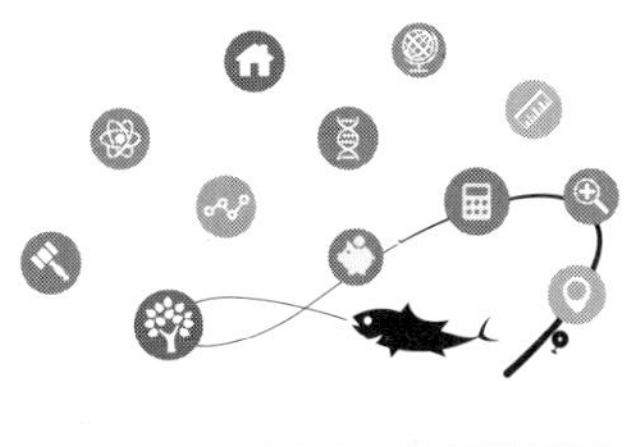

目 录

CONTENTS

第一部分

普惠金融新理念

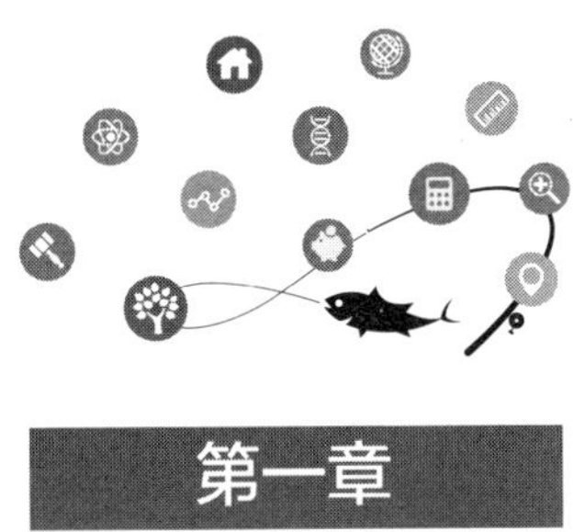

第一章

普惠金融的传统理念

在中国传统教科书中，金融往往是一种与货币紧密相关的概念。给人的第一感觉就是金融是为富人、为资本服务的，与穷人没有密切关系。对金融进行反思发现，这种狭义的定义，可能导致财富分配不均、贫富差距拉大等不良的社会效果。普惠金融提出，要建立一种包容性的金融，让所有有金融服务需求的社会阶层都有机会获得可支付的金融服务。

一、成也金融，败也金融

到底金融可以在经济和社会发展中发挥什么作用？即使每天我们都离不开金融，很多人对它还是一知半解。传统教科书给出的解释是：合

理配置社会资源，提高资源使用效率，提供支付结算手段……一言以蔽之，金融在人类社会中存在的价值在于提高经济效率。正如马克思所言，如果没有金融，“那么恐怕直到今天世界上还没有铁路”。在现代社会，金融虽然不像空气和水那样，须臾不可缺少，但是毫无疑义，金融是经济和社会高效运转的润滑剂，无论是个人、企业还是政府，都离不开金融。

可是，一些历史事实，让人们对传统教科书的这种解释将信将疑。1929 年金融危机引发全球经济危机，导致 1929～1935 年国际生产总值下降 1/4，失业率上升 25%，美国国内生产总值（GDP）从危机前三年年增长 2.5% 下降到负增长 8%。1997～1998 年东南亚金融危机导致该地区 GDP 实际增长从 1996 年的 7.4% 下降到 -7.19%，其中泰国货币半年内贬值 50%，马来西亚人均年收入退回到 10 年前的 4000 美元，10 年累积的社会财富消失殆尽。10 年之后，2008 年美国金融危机以更加凶猛之势波及全球，引发全球经济衰退。美国 GDP 增长从 2006 年的 2.67% 降到 2009 年的 -2.63%。全球 GDP 实际增长速度从 2006 年的 4.11% 降到 2009 年的 -2.05%，截至 2013 年，发达经济体依然没有恢复到 2007 年的产出水平。欧洲连续出现国家主权债务危机，从希腊开始，冰岛、西班牙、葡萄牙、意大利……直到 2015 年债务危机依然余波不断。

除了引发经济震荡以外，金融还帮助加剧社会财富分配不均，助长社会发展的不平等。2011 年 9 月 17 日，美国爆发“占领华尔街”运动，抗议社会不公平，表达对金融行业的不满，以及对 1% 的人群掌握社会 99% 的财富和权力的愤怒。诺贝尔经济学奖得主约瑟夫·斯蒂格利茨表示，“金融业本应该服务经济中的其他行业而不是反过来。然而，在这场金融危机爆发之前，所有企业利润的40%都流向了金融部门”，“金融系统正在让社会损失而让私人获利。这不是资本主义，这是一个扭曲的经济”。2013年法国经济学家托马斯·皮凯蒂的著作《21世纪资本论》出版，进一步将以大资本、大金融为标志的大工业社会与社会贫富两极分化的加剧联系起来。按照皮凯蒂的研究，工业革命以来，全世界资本收入增长大于劳动收入增长，食利者财富增长大于劳动者财富增长，社会财富分配更加不均衡，贫富两极分化日趋严重。以帮助食利者实现投资收益为主要功能的金融活动，客观上为社会财富向少数人聚集发挥了重大作用。

纵观历史与现实，我们既看到了金融对于人类社会发展的积极作用，也目睹了金融对于经济发展与社会稳定的破坏作用。人们对金融家以及金融活动对经济社会的作用产生越来越大的质疑。金融发展与经济的稳定增长之间，以及金融发展与社会的和谐发展之间，看来并不是简单的正向相关。那么，什么样的金融有助于社会、经济和谐稳定发展？什么样的金融会破坏这种发展？这是一个很大的问题，也是我们不可回避、必须面对的问题。

二、重新认识金融

事实与教科书的差距，迫使我们对金融进行反思，特别是，金融是不是有好坏之分，这是一个规范（Normative）经济学的问题，而不是实证（Positive）经济学的问题。要讨论的是，金融应该是什么。回答这个问题，免不了要讨论什么是金融。只有了解了金融的本质，才能辨别

金融的好坏，才能对金融进行重新认识。

（一）金融的本质和功能

什么是金融？金融是“凡既涉及货币，又涉及信用的所有经济关系和交易行为的集合”（黄达，2012）。伴随经济社会发展，金融活动从早期的钱庄、银行到现代功能齐全的金融机构和健全发达的金融市场，逐渐形成了庞大而复杂的金融系统。但是金融的核心本质始终是为实体经济服务，帮助实现社会资源跨时空配置。尽管“金融很重要，金融是现代经济的核心。金融搞好了，一招棋活，全盘皆活”（邓小平，1993）。但是金融的重要性归根结底体现在其为实体经济服务的作用中，离开实体经济，金融就没有了存在的价值，也只有在为实体经济服务的过程中，金融才能得到充分的发展，成为“核心”。所以，“百业兴，则金融兴；百业稳，则金融稳”（王岐山，2010）。脱离了实体经济，金融就成了无源之水、无本之木。

金融服务于实体经济的功能可以概括为：在时间和空间上转移社会资源；提供分散、转移和管理风险的途径；提供清算和结算的途径，以方便交易；帮助发现资产的价值；提供解决“激励”问题的方法 。显然，如果金融活动能够很好地发挥上述功能，具备以下四个条件：（1）通过资源的合理配置，帮助社会最大效率地创造社会财富，实现经济的发展；（2）通过金融市场的竞争与交易，发现资产价值并促进资源合理配置；（3）为每个有能力的人提供创业、创新、发展必需的资金和金融服务，使其拥有公平发展的机会；（4）提供支付结算手段、转移风险手段、激励手段，提高经济活动效率。因此，金融天生具有助益实现好社会的基因。其功能的充分实现，将有助于实现社会公平与和谐，也有助于实现经济均衡发展。

但是，金融功能的有效发挥还取决于两个基本条件是否具备：(1) 市场充分竞争，以消除价格和资源垄断，实现价格发现功能；(2) 信息对称。如果不具备这两个基本条件，社会资源配置会因为错误定价、金融垄断、信息不对称出现扭曲，形成金融权利分配的不公平，影响人们谋生与发展所必需的金融资源获取，进而影响社会公平发展。现实中由于经济发展水平、经济制度、技术进步等因素的影响，两个基本条件的完备程度受到或多或少的影响。因此，金融关于促进社会和谐发展的功能有不同程度的折扣。

许多研究证明，金融发展与经济发展之间存在平行的关系，主要结论包括：

第一，金融对经济发展的影响是存在的，二者之间存在正向关系。这意味着金融与经济发展可能同时向好发展或者同时向坏发展。

第二，金融与经济发展之间有内生性，可以相互影响。这意味着金融发展会影响经济发展，反过来经济发展会影响金融发展，这种相互影响说明金融结构需要不断适应经济发展的结构性变化。

第三，金融结构与经济发展阶段性的匹配与否会影响金融的作用。这意味着金融服务的供给与经济发展对金融服务的需求不仅在总量上，而且在结构上必须匹配，否则会出现问题。

（二）金融的另一个面孔

从社会发展的角度看，金融并不是中性的，它具有明显的两面性。

无论是金融供求总量失衡，特别是总供给超过总需求，还是结构性供求失衡，对经济发展都产生负面影响，这已经得到了研究结果的证实。例如，我国对私人部门借贷占 GDP 的比重，从 1998 年开始已经超过 100%，2014 年达到 141.8%，已经有过度金融的趋势。

过度金融对实体经济的负面作用在于：

第一，攫取了更多的社会资源。James Tobin 早在 1984 年就对越来越多的社会精英进入金融领域而远离实业，获取与社会贡献有很大差异的收益的做法表示质疑。他认为，金融部门产生的社会效益低于实业部门，因此从全社会的角度看，过于膨胀的金融部门会因为过多占有社会资源而影响实业部门的发展，降低社会效率。

第二，增加了经济的不稳定性和发生全面崩溃的可能性。中国不仅有金融总量供求失衡，而且存在更加严重的结构失衡。中国银行业协会会长杨再平（2002）将中国金融结构失衡现象描述为“七偏”：非金融部门融资结构偏间接金融；金融机构偏商业银行；商业银行偏大型银行；大型银行偏国有银行；银行贷款品种偏经营贷款；银行贷款对象偏国有企业；金融服务对象偏大中城市。“七偏”现象说明中国的金融结构以大型商业银行为主体，以国有企业和大中型企业为主要服务对象，直接融资市场作用较弱，面向中小微企业的金融服务很弱。七个偏离反映中国金融结构与金融需求结构不匹配。

如果将社会的自就业群体、农户以及消费者个人也列入金融服务的对象，按照郑自强（2014）的分析，中国金融结构供求失衡的问题更加严重（见图 1－1），表现为位于金字塔顶尖部分的大中型企业和富裕阶层获得了最好的、过剩的金融服务，处于中间段的小微企业和工薪阶层获得严重不足的金融服务，而对于金字塔底端贫困与弱势群体（包括农户）的金融服务则严重缺失。令人感叹不已的是，与这个现象并存的是中国金融化程度迅速提高，金融服务总量已经开始超越“适度”的警戒线。

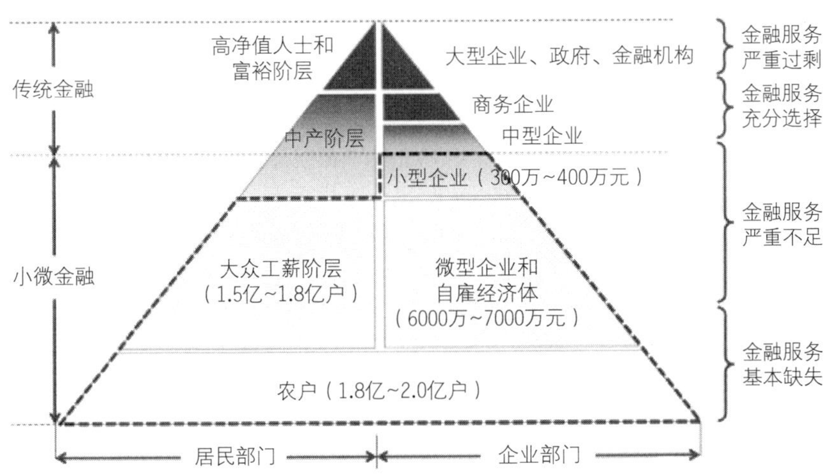

图 1－1　中国金融服务供给与需求不对称结构描述

一边是金融资源过剩，另一边是金融资源不足，中国金融服务供给与需求的金字塔完全倒置，形成严重的结构失衡，表现为越来越严重的两难现象，即“企业多，融资难；储蓄多，投资难”（郭树清，2012）。数据显示，金融部门贷款利率高于企业毛利，已经到了金融“吃”实体企业的程度，可谓融资贵；最具有发展活力、创新活力的中小微企业缺少金融服务，可谓融资难。中国金融发展的滞后已经阻碍了社会创业、创新的发展，制约推动经济发展的双引擎运转，对经济发展产生了负面影响。显然，无法用“好”来评价中国目前的金融。

三、从普惠金融到好社会

金融供求总量和结构的失衡都会导致“不好”的社会结果。“好社会”的核心内容是公平，特别是人们获取自我发展机会的公平；那么“好金融”的含义，是能够为每个有能力的人提供创业、创新、发展必需的资金和金融服务，使其拥有公平发展机会的金融。显然要实现从“好金融”到“好社会”的结果，必须使金融服务能够提供公平机会。普惠金融（Inclusive Finance）试图纠正当前金融失衡导致的社会弊端，直接面向得不到金融服务和金融服务不足的群体，包括中小微企业和弱势群体，在保证金融服务自身可持续发展的前提下，为它们提供一种成本可负担的金融服务。普惠金融超越了以经济效率为目标的传统金融，是一种基于公平的新理念。

（一）普惠金融的概念

普惠金融是当前全球经济与社会发展的一个新热点，不仅涉及金融业态多样化和金融服务均等化，更与互联网等新技术带来的产业变革及社会重构相关。但由于普惠金融本身的多样性和探索性，其基本概念的形成，在过去几十年处在不断变化与演进中。不同主体从不同维度对普惠金融进行阐述，导致普惠金融的内涵及其指代或强调的金融产品或服务也不尽一致。在思考并规划中国普惠金融的现状与未来时，需要清晰梳理普惠金融的概念与特征。

亚洲开发银行（2000）在总结过去十几年间微型金融活动的经验后指出，在一定时期内持续性地向贫困人口提供多种金融服务，能够推动金融系统及全社会的进步，并认为普惠金融是指向贫困人群、低收入家庭及微型企业提供的各类金融服务，包括存款、贷款、支付、汇款及保险。英国议会下议院财政委员会（2004）认为，普惠金融是指个人获得合适的金融产品和服务，这些金融产品或服务主要是指人群可负担的信贷和储蓄。

2005 年，联合国在推广“国际小额信贷年”时第一次明确提出“普惠金融体系”（inclusive financial sector）的概念，其基本含义是：一个能有效地、全方位地为社会所有阶层和群体，尤其是贫困、低收入人口，提供服务的金融体系。同时，明确了普惠金融体系的四大目标：一是家庭和企业以合理的成本获取较广泛的金融服务，包括开户、存款、支付、信贷、保险等；二是稳健的金融机构，要求内控严密，接受市场监督及健全的审慎监管；三是金融业实现可持续发展，确保长期提供金融服务；四是增强金融服务的竞争性，为消费者提供多样化的选择。2006 年，联合国在《建设普惠金融体系蓝皮书》中又一次提出普惠金融的内涵，认为普惠金融将以往被忽视的小微企业、城镇低收入群体和农村贫困人口都纳入普惠金融体系，让不同的机构分别为不同的客户群体提供差异化的金融服务和产品，让每个人都拥有平等获得金融服务的权利。

世界银行扶贫协商小组（CGAP，2006）形成的普惠金融体系的框架性概念指出，通过不同渠道，为社会所有群体提供金融服务的体系，特别是那些广大的一般被正规金融体系排除在外的贫困和低收入群体，应向其提供差别化的金融服务，包括储蓄、保险、信贷和信托等，其内核是让所有的人特别是弱势群体享有平等的金融权利。

联合国资本开发基金（UNCDF，2006）认为，普惠金融应该包含以下内容：对于所有的家庭和企业来说能以合理的成本获得合理范围内的金融服务，包括储蓄、长期和短期贷款、租赁、保理、抵押、保险、养老金、支付以及当地资金转账和国际汇兑；参与普惠金融的机构需要有健全的内部管理体系、行业业绩标准、市场监管以及审慎的法律规范；参与普惠金融的机构需要持续性地提供金融产品和服务；金融产品和服务的供应商需要基于成本效益原则为客户提供选择方案。

印度普惠金融委员会（2008）认为，普惠金融是确保弱势群体和低收入阶层以低廉的成本获得的金融服务和及时、足额的信贷。2009年墨西哥银行与证券业监察委员会（CNBV）在《普惠金融报告（1）》中对普惠金融的定义是：在适当的监管框架下，绝大部分成年人能够获得并使用金融产品和服务，清晰准确地获取相关信息以满足其对金融服务和产品日益增长的需求。普惠金融联盟（AFI，2010）相关资料认为，普惠金融应将被金融体系排斥的人群纳入传统金融体系。

中国在2015年12月发布的《推进普惠金融发展规划（2016—2020年）》中，把普惠金融定义为“立足机会平等要求和商业可持续原则，以可负担的成本为有金融服务需求的社会各阶层和群体提供适当、有效的金融服务”。当前普惠金融重点服务对象是小微企业、农民、城镇低收入人群、贫困人群和残疾人、老年人等特殊群体。发展普惠金融的目标是建成小康社会，促进金融业可持续均衡发展，推动大众创业、万众创新，助推经济发展方式转型升级，增进社会公平和社会和谐。

尽管各国在推进普惠金融发展上进程不一，各国际组织给出的普惠金融概念所涵盖的范围也不尽相同，但其核心是一致的，即强调通过完善金融基础设施，以可负担的成本将金融服务扩展到现有（传统）金融服务未能惠及的人群，向他们提供价格合理、方便快捷的金融服务，全面提高金融服务的可获得性。从另一个角度理解，那些没有被传统金融服务惠及的群体，也是被传统金融排斥的群体。

由于金融发展和金融结构的变化会使被传统金融排斥的群体发生变化，因此，同一个经济社会不同时期中普惠金融服务的对象会发生变化，不同经济社会中普惠金融的服务对象也会有所差异。因此，普惠金融服务的对象群体不是一成不变的，但无论怎样变化，该群体的共同特征都是“被传统金融排斥”。

综上所述，鉴于现阶段中国的情况，普惠金融是指立足机会平等和商业可持续原则，在成本可负担的前提下，以包括“三农”、中小微企业、个体工商户、社会低收入人群、创业和失业人群、特殊群体（如残疾人）等在内的需要金融服务的群体为服务对象，通过合理的价格，有效、全方位和持续地提供及时的、方便的、差别化的金融服务，以实现金融资源供求平衡，缩小贫富两极分化，推动社会和谐发展的金融体系。具体来讲，普惠金融的内涵应该包括以下三点：

第一，普惠金融是一种经济理念。普惠金融在那些传统商业蹒跚不前的地方扩大了金融市场的规模，丰富了金融市场的层次和产品，更多地惠及被传统金融忽视、排斥的群体，帮助调整金融资源供求失衡，尤其是金融结构的供求失衡，使金融服务总量和结构上能够满足社会经济

发展需求，助力实体经济发展，以实现“好金融”。

第二，普惠金融是一种创新安排。普惠金融理念的首要特征是市场的创新，即普惠金融越过传统大银行关注的客户市场，发现银行服务不足的客户市场，开拓出新的领域，用新的商业模式为贫困的人提供服务。除市场创新之外，普惠金融也体现了制度、机构、技术、产品和服务等方面的创新，尤其是技术创新，通过数字技术（中国叫作互联网金融），用跳跃式的方式为贫困的人提供金融服务，降低融资成本，提高便利性，不断扩展金融服务的覆盖面和渗透率，让每个人都能获得便捷的商业可持续的金融服务。

第三，普惠金融是一种社会思想。人人应该享有平等的金融服务的权利，无论是穷人还是富人。普惠金融服务于那些被传统金融所排斥的人群，特别是无法便宜地获得金融服务的弱势群体、弱势企业、弱势产业、弱势地区，消灭金融歧视，公平实现金融权，缩小贫富两极分化，促进社会和谐发展，以实现“好金融”，助益“好社会”。

（二）普惠金融的特征

普惠金融的理念是满足所有需要金融服务的人，包括所有地区的穷人和富人，所有有金融需求的人都可以平等地享受金融服务。普惠金融的前身和最初实践，与一些国家在最近几十年所创新的小额信贷和微型金融有着密切联系。不过，与小额信贷相比，普惠金融不仅包含贷款，还包含储蓄、保险和支付结算等金融服务；与微型金融相比，普惠金融不仅包含小额信贷公司、农村信用合作社和乡村银行等微型金融机构，还包括大型商业银行等传统意义上正规的金融部门。总体来看，普惠金融的宗旨是将微型金融融入主流的金融体系，更好地发挥微型金融的潜力。具体而言，在普惠金融的概念当中有以下几个特征。

1. 普惠金融金融权利的公平性

人生而平等，无论是穷人还是富人，都应该被赋予平等地享受金融服务的权利，包括获得储蓄、贷款、保险、转账、投资等一系列全面的、适合自己的金融服务。然而，世界上绝大多数国家，特别是发展中国家，由于现实中的种种原因，金融市场中的供给者和需求者（尤其是穷人和微小企业）之间出现了缺口，众多贫困人群被排除在正规金融市场之外。绝大多数穷人没有自己的储蓄账户，不能从正规的金融机构获得贷款，很少通过金融机构进行支付或领取报酬，甚至很少进入正规金融机构的营运场所。他们只能借助于非正规金融途径，如亲友间的私人借款、高利贷等，这些金融服务一方面往往是不可持续的，另一方面往往需要支付高昂的代价或接受苛刻的条件。

在过去的几十年里，小额信贷和微型金融的成功已经证明了贫困人口有能力消费金融产品并成为金融机构可能的、具有吸引力的消费者。微型金融为扶贫融资设立了很多强大的金融机构，取得了一定的成就。但是，凭借单个微型金融机构或小额信贷机构的力量，无法大规模地、持续性地向更加贫困的人群和更加偏远的地区提供金融产品和服务。而在一个理想的金融体系——普惠金融体系中，所有群体包括贫困人口、低收入家庭和小微企业等都能够享用不同金融机构通过不同金融渠道提供的各种金融产品和金融服务，真正实现所有人平等地享受金融服务。可见，普惠金融给弱势群体提供了一个获得社会救助之外享受经济发展成果和改变自己命运的机会，这体现了“好金融与好社会”的主题思

想，强调了金融权利的公平合理性。

2. 普惠金融服务对象的包容性

金融不能仅仅服务于富人，还应该加强对弱势群体提供其所需的金融服务。普惠金融主要服务于那些被传统金融市场排除在外的群体，这一群体具有一些共同的特点：贫困、收入较低、居住在偏远地区，得不到传统、正规的金融服务；绝大多数企业和个人守信用，能够按时偿还贷款，但得不到银行贷款；有收入，能够支付所需要的保险金，但得不到保险服务；希望有安全的地方储蓄资金和积累财产，通过可靠的方式从事汇兑和收款。在普惠金融体系下，其服务对象包括所有居民和企业，特别是低收入群体和中小微企业，具体主要包括以下三类："三农"（农业、农村和农户）、部分企业（中小微企业和个体工商户）、城市贫困人群（低收入人口、创业和失业人群），具体如表 1－1 所示。它们依靠现有资金和途径无法满足自己的资金需求，迫切需要普惠金融机构为自己提供更为广泛、更加方便、价格合理、持续性的金融产品和金融服务。

表 1－1　　　普惠金融中的信贷服务及服务对象

服务对象		主要信贷需求	满足信贷需求的主要方式
"三农"	农业	农业技术改造、农业生产要素投资、农业公共产品投资	商业信贷、合作金融、政策金融、民间金融
	农村	农业专业合作社、农田水利、农用机具、农村建房	商业信贷、合作金融、政策金融、民间金融
	农户	小规模种养业贷款需求、专业化规模化生产和工商业贷款需求、生活开支	自有资金、民间小额贷款、合作金融、政府扶贫资金、政策金融、少量商业性信贷

续表

服务对象		主要信贷需求	满足信贷需求的主要方式
企业	中型企业	面向市场的资源利用型生产贷款需求	自有资金、商业性信贷、政策金融、小额信贷
	小型企业 微型企业	启动市场、扩大规模	自有资金、民间金融、风险投资、商业信贷、政策金融、小额信贷
	个体工商户	资金周转、扩大经营规模	自有资金、民间金融、商业信贷、政策金融、小额信贷
城市贫困群体	低收入人口	生活开支	民间小额贷款、小额信贷、政策金融、合作金融
	创业和失业人群	生活开支、创业资金贷款需求	政府创业补贴、民间小额贷款、商业性小额信贷、政策金融、合作金融

3. 普惠金融服务群体的可变性

按照定义，普惠金融服务的是被传统金融忽略的那部分群体。被忽略的原因可能是，相对于其他群体来说，为这个群体提供金融服务的成本太高，风险太大，缺乏足够的经济收益。但严格地说，成本、风险、收益都具有相对性。随着金融竞争激烈程度、利率管制放松程度、金融机构业务流程调整程度等诸多因素的不同，成本、收益、风险也会发生变化。由于一个国家金融供求均衡程度（总量均衡与结构均衡）、金融去管制程度等影响金融竞争和金融价格变化的基础因素会随经济发展而改变，传统金融惠顾的群体以及忽略的群体也会发生变化。从目前看，发展中国家被传统金融忽略的群体主要是低收入群体、小微企业，我国被传统金融忽略的群体主要是中小微企业、低收入群体、“三农”。但随着金融市场化程度的加深，这个群体的内容注

定会发生变化。

因此，不能用静止的眼光界定普惠金融的服务群体，普惠金融的服务群体不应该是一成不变的，而是会随着金融供求均衡状态的变化而改变。

4. 普惠金融服务产品的全面性

普惠金融最主要的产品是小额信贷。小额信贷首先是满足特定群体实现生产经营和自我发展所需要的资金，通过资金支持帮助特定群体具备自我提升的能力。这部分是经营性信贷，主要提供给企业主、创业者和自就业者。小额信贷其次是满足特定群体的消费性信贷需求，但前提是其具备偿还能力。在这个意义上，普惠金融提供的消费性贷款绝不等于政府扶贫救助。除小额信贷以外，普惠金融还提供包括储蓄、保险、转账汇款、代理、租赁、抵押和养老金等在内的全功能、多层次的金融服务，其服务范围远远超过传统小额信贷的贷款业务（见图1－2）。为此，普惠金融对良好的金融基础设施和金融系统，对专业技术支持有很大需求。随着技术进步和金融创新的不断发

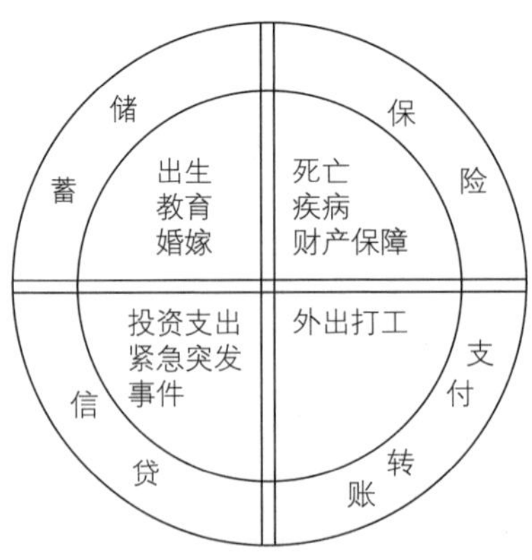

图1－2　普惠金融提供的金融服务

展，普惠金融产品的种类会更加多样化，金融服务的质量会日益提高，金融服务和金融产品的成本也会不断降低，普惠金融服务的效率和质量也会因此提高。

5. 普惠金融参与主体的广泛性

随着“互联网+”时代的到来，普惠金融离社会大众越来越近，人们参与金融服务的门槛迅速降低，快速便捷的小额理财和小额贷款将普惠金融推向一个前所未有的高度，普惠金融最终将建立最为包容的广泛金融体系。互联网金融作为普惠金融的重要内容和实现手段，将在支付、信贷、理财等领域发挥重要作用。可见，普惠金融的参与主体将发生转变，不仅包括金融机构，而且包括成千上万的大众。一方面，传统商业银行将在手机银行、网络银行、微信银行等方面不断完善和创新；另一方面，社区银行、村镇银行、各类小额信贷机构、小微金融投资机构和较为成熟的创新型互联网金融企业也将日益发挥重要的作用。随着参与主体的逐渐增减，电商介入模式、互联网企业介入模式、银行结算的第三方支付模式、P2P模式、众筹模式等都将在普惠金融中占据一席之地。

6. 普惠金融商业模式的可持续性

20世纪末的亚洲金融危机和紧随其后的美国次贷危机，都使得国际金融市场动荡不堪。这些金融危机给世界经济造成的巨大损失和深远影响都让人们深刻认识到，传统金融面临很多问题，既不能满足经济的高速发展，也越来越难以为继。而作为更先进的金融理念——普惠金融，它更加重视那些被传统金融排斥在外的贫困群体、中小微企业、农村地区及偏远地区的金融需求，为金融业的发展赢得了更为广

阔的盈利空间和业务空间。普惠金融不同于传统的扶贫救助模式，并不只局限于帮助弱势群体，而是强调引导整个金融体系全面参与，均衡配置社会资源，满足各个层面的客户的金融需求，实现长远的可持续发展。

第二章

超越普惠金融新概念

很多人以为普惠金融就是将金融服务普及至中小微企业以及弱势群体，也就是扩大金融业务的覆盖面，但如此做的结果往往是举步维艰，事倍功半。其原因在于，普惠金融目标的实现并不仅仅依赖于金融本身，更基本也是更重要的路径是通过金融服务提高中小微企业以及弱势群体的金融能力。只有在金融能力的基础上，“中小微弱”才能真正享用普惠金融，运用普惠金融，并做到可持续和高效率。

一、“授人以鱼，不如授之以渔”

中国的传统文化中有“授人以鱼，不如授之以渔”的说法，说的是传授给人以知识，不如传授给人学习知识的方法。道理其实很简单，

鱼是目的，钓鱼是手段，一条鱼能解一时之饥，却不能解长久之饥，如果想永远有鱼吃，那就要学会钓鱼的方法。在中国的长期扶贫实践中，也有“与其输血，不如造血”的理念。普惠金融将金融能力的提升作为重要的内涵组成部分，其所秉持的恰好是同一理念。根据世界银行的定义（2013），金融能力是指“在一定的社会经济条件下，消费者作出符合自身最佳金融利益的金融决策的内在能力，包括用于管理自有资源和理解、选择、使用满足需求的金融服务的知识、技能、态度和行为”。当一个人缺乏基本的金融能力的时候，面对金融服务比如小额贷款的机会，一个极端往往是充满恐惧而避之不及；另外一个极端可能是，承担超出自身收入能力的过度负债。这两种情形正是普惠金融推进过程中经常遇到的现象。前一现象使金融服务供应商误以为市场中没有足够的金融服务需求；后一种现象使得金融服务供应商承担过大风险而受损受挫。由此可见，在提供金融服务之时，普惠金融的一项重要功能是普及金融知识，提高金融素养，强化金融能力。

我们已经知道，普惠金融的主要服务对象是中小微企业以及在金融服务方面处于弱势的家庭或自然人，我们简称为“中小微弱”。对于这四个部分，金融能力的表现特征是不尽相同的。微型企业往往更接近于家庭或个体经营者，也就是“微”和“弱”两部分。对于这两部分的金融能力，我们可以概括为四个方面：一是对金融相关知识的认识程度，包括对大体的金融知识的了解程度（储蓄、投资、借贷、通货膨胀等基本概念）；二是对金融产品和服务的了解程度，如金融业提供哪些金融服务以及这些金融产品及服务的相关风险；三是创业初期个体在金融服务下资金的使用能力，如在能够获得相关金融服务的前提下如何理财、如何使用金融服务及产品；四是金融消费者个体的权益受保护及自我保护能力，例如，如何保护自己不受金融诈骗的影响。这些能力影响个体的金融行为，包括资金管理（每日流水）、长期规划（如何应对收入突然变化，如何规划退休支出、借贷行为、储蓄行为、理财行为）、金融决策（如何选择合适的金融产品）以及寻求金融建议等。

为了提升“微”和“弱”两部分的金融能力，政府或商业组织必须更好地提供各种渠道让消费者更加了解金融产品的功能及其特色，使其能与金融机构更加安心地互动，并知晓如何挑选金融产品、寻求金融及理财建议，同时清晰意识到自身应享有的权利和有效的解决机制方法。为了提高个人对资金的使用效率，政府或商业组织还有必要对个人的资金使用进行必要的培训和指导，甚至为初期的创业活动提供一定的支持。因此，既要开发出一系列合适的金融产品，也需要提供辅助的创业帮扶等非金融服务，还需要发展充足的金融基础设施建设以增强满足金融服务需求的能力，同时发展出一套健全的金融消费者保护体系，帮助消费者在与金融机构接触时规避风险、减小损失。

中型企业和小型企业是普惠金融的另外两个重要服务对象。中小企业融资难已成为老生常谈。事实上，这个“难”字的一个不可忽略的原因正是中小企业往往缺乏金融能力。这些能力包括商业项目的价值评估能力、运营现金流管理能力、适应商业项目和企业生命周期的融资能力、企业资本结构管理能力、运用多样化金融工具的能力等。中小企业自身需要加强金融能力建设，以更好地满足金融机构对其在征信、信用评级、抵押品和资金监管等方面的要求，更熟练地甄别和运用不同的金融产品和工具，特别是在企业发展的不同阶段为自身选择最合适的融资方式和

金融服务内容。在企业生命周期中，不同阶段的企业可以利用不同的融资渠道，如天使投资、私募风险投资、众筹融资等，而不是仅仅盯住银行信贷。事实上，银行根据自己的商业模式和风控要求，主要为比较成熟的企业提供信贷服务。对于中小企业来说，除了融资以外，还可以让投资者成为企业的利益相关者、各种资源的提供者甚至是风险的共担者。

综上所述，普惠金融在向“中小微弱”提供金融服务时，并不是简单地为它们提供了一笔贷款或一项融资安排，而是真正提高它们掌握金融资源并有效运用金融资源的能力，就像学会了打鱼本领，产生了“造血”功能，如此，“中小微弱”才能真正自立自强，参与市场竞争。

二、金融能力的大视野

传统微型金融在讨论提升金融能力时，强调金融服务供应商有责任在提供金融产品的过程中兼顾提供金融教育，普及金融知识，甚至有义务提供消费者保护。换言之，“中小微弱”的金融能力在很大程度上是依赖金融服务供应商帮助而形成和提高的。但是，国内外的实践表明，金融服务供应商，尤其是有志于发展普惠金融的供应商，它们自身的服务能力并不是与生俱来的，事实上，金融服务供应商自身能力的不足正是普惠金融无法全面扩展的一个重要障碍。中国的普惠金融实践至少已有十来年的历史，我们可以从这一进程中观察到，至少有两个方面的课题亟待解决：一是传统金融机构一旦建立普惠金融理念，如何在现有商业模式上进行改变和演进；二是一些应普惠金融目标而建立的金融服务商，如何有效提供普惠金融服务，既实现普惠金融的社会目标，又在商业上实现可持续增长。我们无法依据一家机构服务对象的财富多少或社会地位高低不同而判断其道德水准，生产高大上名牌产品的企业可能是社会道德的楷模，而生产大众产品的企业也可能是昧着良心坑蒙拐骗的罪犯。问题的关键在于金融服务商能够以可持续的经营方式向所有人群特别是“中小微弱”提供金融服务。坦率地讲，令大多数金融机构困惑的是，它们的主动实践或被动实践都在证明普惠金融似乎是理想主义、理念大于实践、商业上很难持续。且不谈规划中的大型商业银行普惠金融事业部，也不说股份制商业银行的多年实践，即使是专业从事“中小微弱”金融业务的村镇银行、农村信用社、农村商业银行，乃至小额贷款公司，又有多少可歌可泣的成功案例。所有这一切令我们意识到，金融能力并不仅仅是作为金融服务客户的“中小微弱”的问题，提供金融服务的供应商同样存在着严重的能力建设问题。从整个生物价值链来说，后者的能力建设更为重要。

根据联合国开发计划署（UNDP）的定义，能力是指个人、组织或组织单元能高效地、有效地、可持续地实现其作用。这个概念是动态的、积极的，并强调考虑组织所处环境的重要性。能力建设，即个人、团体、组织和社会在人力资本、组织资本、机构资本和社会资本方面提高其自身能力。机构的普惠金融能力，是指各类机构提供“服务于社会各类人群（包含被传统金融体系排斥在外的群体）的正规而负责任的金融服务”的能力，它是影响普惠金融经营质量、效率和结果的各类因素的总和。具体而言，金融服务提供商的普惠金融能力包括：有能力为普惠金融服务对象提供合适的、负责任的金融服务；有能力维持普惠金融业务的可持续性；有能力构建与以上两个要素相适应的治理结构和业务管理体系。能力建设可以提高机构在社会和经济方面的适应能力，这

是其核心竞争力的体现。

创新是提升机构普惠金融能力的重要途径。研究表明，金融机构的公司治理结构、风险控制模式是能够真实获得或提高普惠金融服务能力的关键因素。尤努斯创立的格莱珉银行模式用贷款人当股东，可以确保机构目标不变。在美国的实践中，垃圾债券主要服务于中小企业或新创立的企业，它们是高风险企业，这种金融创新从本质上说是一种资本市场中的普惠金融。这几年中国资本市场除了风险投资、天使投资、创投基金之外，成熟证券公司开发出小贷资产证券化、贫困地区迁移债券等，都是运用多层次资本市场工具推进普惠金融发展的有益尝试。

在普惠金融的生态环境中，除了作为需求方的“中小微弱”和作为供应方的金融服务商之外，提供公平竞争环境的政府部门和监督市场秩序的监管部门也是重要的利益相关者。政府的普惠金融发展战略应该基于市场导向，以培育企业家精神，提升居民金融能力，建设有利于普惠金融健康良性成长的生态环境，处理好政府引导和市场主导的关系，在加强监管的同时，改善监管能力。从这种意义上说，能力建设不仅仅是个人、企业、金融机构的能力建设，也应该理解为是整个社会、体制的完善和发展，其中包括政府自身能力建设的内容。

政府的普惠金融能力包含几项主要内容：一是金融基础设施建设，包括征信、信用评级、支付清算体系、金融服务的法律体系等；二是金融消费者保护，包括金融教育、金融扫盲和防止金融欺诈等；三是面对新兴数字普惠金融的挑战，利用金融科技来改善监管，这是一项较新的课题。

在推动普惠金融发展的过程中，应当坚持“政府引导、市场主导”

的基本原则。正确处理好政府和市场的关系，发挥好政府的引导作用，是构建和提升政府的普惠金融能力的前提条件。政府应当统筹普惠金融发展的全局，以一种体系化的视角来制定发展普惠金融的战略和措施。政府的普惠金融能力集中体现在制定并实施普惠金融发展战略的能力上，普惠金融发展战略涵盖了从思想理念到贯彻执行的全流程，并具有明确的指导性和可操作性，是政府的普惠金融能力的外在表现。

综上所述，通过金融服务提高中小微企业以及弱势群体的金融能力是推进普惠金融发展的正确路径，为顺利移转到这条路径，所有的金融服务供应商自身需要提高能力，即使是引导和监督普惠金融事业的政府和监管部门也需要提高相应的能力。

三、数字化时代的机遇

（一）传统普惠金融的困境

普惠金融的先驱们在世界各地进行了一系列的机制创新，如循环借贷和联保贷款，并取得了一定的成功。以格莱珉银行为代表的小额信贷模式是传统普惠金融的样板，它的特点是采用传统的金融产品、传统的成本结构，以及结合地域甚至社区特征的风控模式。经过 40 年的发展，格莱珉银行累计放贷 165 亿美元，服务了 865 万名农村妇女。由于小额信贷模式的风控手段非常属地化、非标准化，它的推广规模会受到局限。另一个受到诟病较多的是传统小额信贷的高利率，世界银行扶贫协商小组（CGAP）等机构对全球几百家小额信贷机构的调查显示，小额信贷机构要想实现财务可持续性，其年化贷款利率平均需在 26% 左右，

如此高的利率主要源自小额信贷机构本身较高的资金和运营成本。其最终的结果是，尽管在金融服务的覆盖面上尽力做到了“普惠”，但物美价廉的金融服务依然没有真正惠及贫困的群体。

从能力建设的角度考察，综观世界各国的实践，传统普惠金融受到四个方面的能力限制：一是可获得性。因为建立物理网点成本高、效率低，普惠金融的可获得性受到较大影响。二是可负担性。资金成本高，运营成本高，实际利率高，尽管一些客户可以负担传统小额信贷的高利率，但是在社会道德层面受到质疑。三是全面性。传统普惠金融所侧重的存贷汇基本层面难以延伸到保险、理财、租赁乃至资本市场。四是可持续性。单个普惠金融机构形成不了行业的影响，社会影响有限。即使亚洲、拉美都有不少国家展示出普惠金融的成功范例，但我们必须承认，传统的普惠金融模式已经走到其能力的极限。毕竟全球还有近20亿人口仍然处在“金融排斥”的境地。[①] 传统普惠金融模式的困境也就是能力建设的困境。在这种格局下，大规模的能力建设和能力提升成为奢望，因此也成为人们轻视普惠金融的一个理由。

（二）数字普惠金融的优势

普惠金融的巨大发展很大程度上得益于新科技在金融中的应用。特别是近几年来，数字技术在金融领域的应用为普惠金融插上了翅膀，数字普惠金融的概念应运而生，它昭示了普惠金融的发展方向。数字普惠金融是指让长期被现代金融服务业排斥的人群享受正规金融服务的一种

---

① 根据哈佛大学商学院数据估算。

数字化途径，而“数字化”则是计算机、人工智能、移动互联、信息通信、大数据、云计算等一系列相关技术进步的统称。

数字普惠金融的发展有一个循序渐进的过程。其早期主要表现为传统金融业务互联网化，即传统金融机构借助互联网传递信息，在线办理业务，简化、替代市场网点及人工服务。第一代互联网技术和智能手机的普及带来移动支付的快速发展，将线下的金融服务转移至线上，通过互联网平台提供交易撮合服务，通过线上渠道实现金融服务的触达，其典型模式包括网络银行、移动支付、网络借贷等。其中，对于普惠金融而言，一个比较大的突破在支付领域。过去普惠金融主要关注储蓄存款和贷款，但对于弱势人群而言，最为常见的一种金融需求是用简单、廉价和便利的方式来完成基本的金融交易，这就需要用到银行的支付系统，而贫困家庭在这方面拥有的简便易行的机制并不多，因为很多人甚至没有银行账户。于是，金融结合数字技术在这方面提供了很多创新，如在撒哈拉以南的非洲就有很多有前景的成果，特别是肯尼亚的“M-Pesa”，它是该领域的佼佼者。

近年来，随着数字技术特别是互联网在银行、证券、保险行业的逐步应用，丰富了传统金融机构传递信息、办理业务的渠道和手段，降低了运营成本，有效地扩大了金融服务的覆盖面。这种科技进步与金融有机融合的结果使二者的界限日趋模糊，逐渐形成了新的业态。金融创新不再是简单地在传统金融业务之上加上数字化或互联网化的元素，而更多的是以非金融机构主导的、以科技创新为驱动的新的金融产品设计，或金融服务商业模式的重塑。对于后者而言，我们更熟悉的名称是金融科技（FinTech），或互联网金融。数字普惠金融以现代科技为依托，银

行金融机构、非银行金融机构、移动网络运营商等作为金融服务的提供商，通过数字化交易平台、代理网络和消费者接收设备等要素的组合，高效率、低成本地获取客户信息，削减运营开支，优化风险管理，使得数以亿计的经济能力较差的消费者能够以可承担的价格享受到征信、支付、信贷、储蓄、理财、保险甚至是证券等正规金融服务。

数字普惠金融具有诸多优势：一是节约交易成本。数字技术的应用大大降低了金融机构的运营成本，从而实现以较低的价格提供金融服务。例如，基于云计算技术的支付宝的单笔支付成本为 2 分钱，比传统支付方式低一个数量级，这些支付成本的降低反过来回馈给小微企业。二是提高服务效率。数字化金融服务对一些消费者来说让他们的生活更加方便，能够让他们在当地办理金额很小的业务并且个性化地安排自己的收入和支出。三是提升安全性。数字普惠金融可以减少丢失、盗窃和其他以现金为基础的交易所造成的金融犯罪，并且相比现金交易，可降低交易成本。四是推广性强。与传统普惠金融方式地域性强、社区性强、非标准化、人格化的特征不同，数字普惠金融强调的是统一性、标准化、技术主导、去人格化，因此相对于传统的方式，它更具推广性和可复制性。

数字化会给经济带来附加利益，这被称为数字红利。数字技术的应用和推广把中国普惠金融发展带上了快车道，在一定程度上实现了对发达国家的“弯道超车”。支付宝和微信支付作为中国数字普惠金融的代表，它们的案例具有世界性的意义。蚂蚁小贷通过大数据打造新的风险甄别体系和风险控制模型，更加贴近商业场景，运营成本更低，操作更便捷，推出几年来，累计服务了 400 多万家小微企业和个人创业者，平均贷款规模不到 4 万元，贷款总计 7000 亿元。[①] 这一数字是格莱珉银行过去 40 年贷款的 4 倍多，大大提升了普惠金融的实现速度。

传统公司沿既定的产品轨迹不断优化升级已有的产品，虽然表面上看功能更多、更安全，但真正实现的用户价值是边际递减的。简而言之，就是无效的产品服务更新。而破坏性创新（Disruptive Innovation）往往是从一个新的价值点用更低成本的方式来满足那些被遗忘或忽略的用户，虽然这些新产品从某些层面来看并不尽如人意（如体系完备、牌照齐全），但随着时间推移会不断完善，并随着新客户群的增长而不断蚕食甚至取代旧市场。[②]

（三）数字普惠金融的挑战

发展数字普惠金融对普惠金融能力建设的一大挑战就是“数字鸿沟”问题，即数字技术的富有者和贫困者之间的鸿沟。长期被现代金融服务排除的金融能力低的人群，一般而言对数字技术的掌握是有限的，数字普惠金融可能会给他们带来新的金融风险，包括操作风险、客户关系风险以及与金融犯罪相关的风险。例如，客户资金的安全、信息披露不足、代理商流动性不足或欺诈、错误交易风险、系统技术故障、客户个人信息安全等。

面对数字普惠金融带来的风险挑战，一方面需要金融消费者增强风险识别能力和自我保护意识，掌握更多的金融知识和技术知识；另一方面需要政府加强相关的法律制度建设和对金融机构的监管，注重金融教

① 数据来源：蚂蚁金服公开资料。
② Clayton 和 Raynor，2003。

育，弥合数字鸿沟，加强消费者保护。自金融危机后，金融机构的运营、风险管理模式发生了巨大变化，同时对盈利也产生了影响。除了直接的监管处罚以外，还产生了各种新的监管要求，提高了机构和企业的合规成本。这一背景既是金融科技产生和发展的背景，也是监管技术（RegTech）产生的动因。国际金融协会则将 RegTech 定义为有助于高效达成监管、合规要求的一类技术应用。金融机构（特别是新兴的数字普惠金融机构）大量采用 FinTech，倒逼监管机构采用 RegTech。监管机构运用 RegTech，不仅能快捷感知与发现金融风险，提升监管的实时性，还能迅速而准确地识别与捕捉违规操作，继而及时警示与制止，在大大降低监管成本的同时提升风险防范的精准性与有效性。提升普惠金融的监管技术考验着政府的普惠金融能力。

四、能力改变世界

在过去的若干年中，世界为消除贫困、减少两极分化已作出了不懈的努力。金融逐渐从高端走向普惠。2006 年，联合国起草的《普惠金融体系蓝皮书》，对普惠金融体系的前景作出了如下描绘：每个发展中国家应该通过政策、立法和规章制度的支持，建立一个持续的、可以为人们提供合适产品和服务的金融体系。然而，金融只是手段（means），而能力才是目的（ends）。金融的真正目的不仅是提供贷款、提供融资，而是通过金融去挖掘或开发出“中小微弱”的潜在能力。这种能力是让世界变得美好的真正动力。普惠金融背景下的能力建设，将加快世界向良性变化，将世界改变得更加美好，从而实现好社会的目标。

可喜的是，我们已经目睹许多通过能力建设而改变现状的实践和成果。在这里我们只是撷取个别，以证明能力可以改变现状乃至改变世界。

世界各国的经验表明，合作社方式是弱势人群抱团取暖产生规模效益的有效途径。中国农村正在经历从家庭联产承包模式向各种类型合作社模式转型的过程。转型能否成功，在很大程度上取决于社员参与的积极程度以及社员的能力建设。

案例1

贵州丹寨县朵往颂合作社

丹寨县位于贵州黔东南州，全县80%的人口属于苗族，人均年收入不足4000元，是一个少数民族聚居的国家级贫困县。丹寨县通过引进社会投资与联合国开发计划署合作，正在开展以培育农民合作社为基础的各类社会创新项目，包括农民合作社内的资金互助试验示范工作，其中丹寨县朵往颂农业专业合作社是综合农业合作社和资金互助组织的代表。

朵往颂合作社资金互助之所以能良性运行与其完善的管理机制密不可分。资金互助有完整的业务流程，比如有“五户联保”公约等。朵往颂合作社为有条不紊地组织开展合作社的各项工作，切实提高组织管理水平，结合实际情况，在内部成立四个部门。合作社按照完善的规章制度运作，到目前为止没有坏账。

合作社致力于提高村民的基本素质，目标是逐步将社员培养成新型的农业产业职工。他们的一项重要经验是，特别要提高社员的参与度。明确社员的主人翁地位，加强其责任意识，让全体社员按照既定规则和程序，全面参与合作社运营和资金互助的开展，加强决策民主，充分吸纳社员意见，保证收益公平合理分配。这些都是合作社和资金互助长期可持续健康发展的重要保证。

怎样在众多小微企业中找到风险可控的服务对象，对于现有金融机构来说是现实的挑战。而对于小微企业来说，是盯住银行信贷还是选择其他可能的融资途径，是对它们能力的考验。

案例2

四川茂县羌绣小微企业

茂县有三家羌绣小微企业，金融机构要想判断它们各自的风险和盈利前景，不太容易。对于茂县羌绣小微企业的银行信贷需求，传统银行认为，它们主体资格缺失，无有效、合法、足值抵押资产，而且其任意改变贷款用途，因此将它们拒之门外。农村信用社有服务愿望但收取的贷款利率很高。

其中的兴绣公司是案例的主要分析对象。李兴绣早年在茂县松坪沟乡务农，后来摆地摊下海，租门面创业。当经营初具规模时招商引资，引入的投资者仅以少量资金就夺得了公司控制权。之后李兴绣重新创业，建立了5个兴绣手工艺文化农民专业合作社羌绣工艺加工基地，于是兴绣公司模式成型。

这一案例告诉我们：第一，小微企业在创业过程中，从传统金融体系中获得的金融支持非常有限；第二，李兴绣这类民间艺人创业，前期容易取得成功，但是由于缺乏现代公司治理知识和控制权意识，在公司成长期容易发生融资风险和控制权危机；第三，这种阶段的小微企业要解决资金缺口，可行的方法是，在保证公司控制权的前提下进行股权融资。

金融服务供应商的能力高低，体现在产品创新、风控机制以及商业的可持续性。往往一个好的金融产品可以推动普惠金融向前发展一大步。

案例3

广西一卡通

广西农村信用社依托自主研发的“金融IC卡多行业应用一卡通共享平台”发行的桂盛一卡通，实现了在银行卡上动态加载多个行业的应用，使其成为一张可以应用于多个生活场景，具有信息存储、身份识别、信息查询和电子支付等功能，可在各城市公用事业服务等领域使用，广泛应用于公交汽车、出租车、校园、企业、园区、医院、社区、水电煤、餐饮住宿、购物消费等方面的银行卡，持卡人可享受更优质的服务和一定程度的优惠。

广西农村信用社力争于2017年末实现桂盛一卡通全区互联互通，全力打造一卡通生态圈。

办理一卡通产品不设置准入门槛，任何人都不会遭到价格排斥。未来，广西农村信用社将以一卡通生态圈为基础逐步实现“一机通”，即关联一卡通账户进行手机支付。

桂盛一卡通是金融机构在推进普惠金融进程中用成本可负担、商业可持续方式提升能力的一个范例。在一张无获得壁垒、无高使用成本的银行卡上实现多行业应用无疑能更好地解决金融排斥问题，从而深入推进金融包容性发展，实现经济成果共享，给各层次人群带来便利性。

在中国的社会经济环境中，各级地方政府如何在推进普惠金融发展中发挥积极而又有效的作用，始终是一项挑战。我们经常观察到的两种现象是，要么政府不知所措，无所作为；要么政府越俎代庖，支配市场。解决普惠金融“最后一公里”问题很大程度上依赖于地方政府正确发挥其应扮演的角色。

案例4

广西田东县农村信用体系建设

田东县农村信用体系建设系统有效破解了农户和金融机构信息不对称、信息采集指标不统一，以及信息不能共享三大难题，促进了金融机构对农户的贷款力度，缓解了农村贷款“两难”问题。它们的经验是，主要依靠政府的行政资源来推动，当地政府提供充足的经费保障。在建设过程中，重视协调政府各部门间利益，动员各部门积极参与，适时进行培训和宣传工作。

田东县农村信用体系建设的突破口是建立农户系统，它构成整个信用体系建设的基础。农户系统收集了农户关于耕地、林权、计生等一系列信息，形成信用考察依据，为金融机构发放贷款减少考察和审核成本，减少了农户缺乏抵押物的限制，使得农户贷款更为便利。同时，农户系统建立带来的信用环境改善，及收集的海量信息使得构建企业信息系统和农民专业合作社信用信息系统有现实的必要性和可能性，从而整体推进农村信用体系的建设。

农户系统通过采集和录入的档案信息共66099户，占全县有效农户数的97.21%。农户系统建立以后，田东县成为广西县域信息采集面最广、农户建档最多、内容最齐全的县份。涉农金融机构对符合条件的信用户进行授信，并制定了相应的优惠措施。对有需求的农户发放贷款的时间从过去的3~7天，缩短到现在的10分钟，农村信用体系建设从功能、效率、覆盖面都实现根本突破。

科技对人类社会的影响往往是颠覆性的、难以预料的。金融科技正在重塑整个金融生态环境。当普惠金融插上数字化的翅膀，数十年来普惠金融理想者、实践者所憧憬的愿景轮廓变得日益清晰。从能力建设的视野观察，数字普惠金融实质性地大幅提高了金融服务供应端的服务能力，以前用数十年才能达到的目标在很短的时间内就实现了。值得骄傲的是，中国的数字普惠金融实践以“弯道超车”的态势令世人瞩目。

案例5

网商银行的数字实践

这家银行没有一个线下网点，截至2016年11月末，网商银行服务小微企业的数量突破200万家，贷款余额254亿元，资产总额580亿元。网商银行的特点是，用科技创新服务小微企业。它们推出的电商体系内贷款产品，基于大数据对小微企业进行了预授信，申贷过程也变得非常简单，无须抵押，无须人工调查，创造了“310”的贷款模式，即三分钟申贷，一秒钟放款，全程零人工介入，大幅降低了信贷成本，提高了放款效率。2016年“双11”前后，网商银行为133万家小微企业累计提供贷款超过500亿元。

在农村领域，网商银行推出了“旺农贷”产品。“旺农贷”的贷款申请、信息录入均在自主研发的手机移动端完成，从申请到贷款发放最快半小时。从2016年9月推出这一产品到当年11月末，“旺农贷”贷款余额为5.23亿元，余额用户数为4.43万户，户均贷款额为1.18万元。“旺农贷”已经覆盖了全国所有省、自治区、直辖市的347个市、2348个县的24700个村庄。

网商有数结合了网商银行资金链条上的经营性数据和独有的“滴灌”风控模型，为小微企业提供在线的财务明细分析数据。网商有数以数据量化形式提供一张店铺每日运营“K线图”，赋予小微企业财务分析能力，让它们更好地了解自己的生意。截至2016年末，已经有50万家小微企业在使用网商有数，并有了自己的CFO。

中国正在迈向“大众创业，万众创新”的崭新时代，普惠金融的发展恰逢其时。在这样的时代，“中小微弱”通过普惠金融不仅获得了金融资源，更重要的是获得了“打鱼”的本领，具有了“造血”的功能。不登高山，不知天之高也；不临深溪，不知地之厚也。我们乐观地相信，栉风沐雨，砥砺前行，以能力建设为导向的普惠金融必定能够实现其转型社会改变世界的宏伟目标。

第三章

中国普惠金融发展现状

一、普惠金融在中国的发展历程

20 世纪 70 年代末，改革开放前，我国就出现了农村信用社等初级萌芽，这意味着我国现代普惠金融的开始。但真正意义的普惠金融开始于 20 世纪 90 年代。根据国际经验和研究成果，按照发展理念、服务对象、金融产品和服务种类的差别，中国普惠金融的发展实践大致可以分为以下三个阶段，各个阶段的实践具有鲜明的特色，具体如图 3－1 所示。

（一）第一阶段：20 世纪 90 年代，扶贫金融阶段

虽然 20 世纪 70 年代末农村信用社就为贫困者和农民提供类似的初

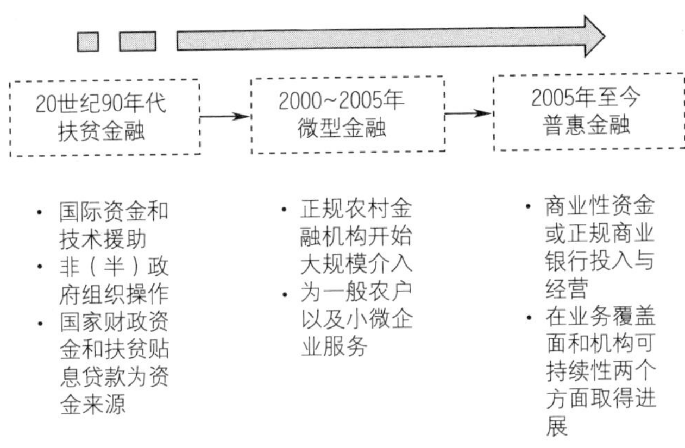

图 3－1 中国普惠金融的实践阶段

级金融服务，但具有扶贫性质的小额信贷在中国开始于 20 世纪 90 年代初期。1993 年之前，小额信贷的资金基本来自国际援华项目或者国家对农民的补贴性贷款。1993 年，受到“孟加拉国乡村银行模式”的影响，中国社会科学院农村发展研究所在河北省易县率先建立了中国第一家以扶贫为主的小额信贷机构——扶贫经济合作社，开始了中国小额信贷的实践探索。随后，国际机构在中国四川、云南、陕西等地也参与了小额信贷机构的建立。比如，世界银行在四川蜀中和陕西安康的小额贷款扶贫项目试点，联合国开发计划署在云南省麻栗坡县和金平县、四川仪陇县、西藏珠穆朗玛自然保护区四地开展的小额信贷示范项目，等等。

自 1996 年起，中国政府逐渐重视小额信贷在扶贫中的作用，开始通过制定政策支持小额信贷的发展。1997 年，在总结小额信贷试点经验的基础上，中国政府以扶贫贴息的方式，主要通过中国农业银行和中

国农业发展银行，开始在较大范围内面向中低收入群体推广主导型小额信贷项目。

在这个阶段，小额信贷以扶贫为主，致力于改善农村地区的贫困状况。小额信贷大多进行小范围的试验，依靠政府或国际组织的资金扶持，进行有针对性的项目信贷扶持，体现了普惠金融的基本理念，是扶贫方式和途径的重大创新，有力地推动了中国扶贫事业的发展。

（二）第二阶段：2000 ~ 2005 年，微型金融阶段

随着中国经济的发展，中国绝对贫困状况得到缓解，消费者和企业对金融服务的需求日趋多元化、精细化，小额信贷模式已经不能满足这些需求，旨在全面促进经济社会发展的微型金融阶段随之到来。这一阶段，在促进“三农”发展的战略背景下，中国人民银行于 2000 年初在农村合作金融机构（农村信用社、农村合作银行和农村商业银行）领域试点并于其后大力推广农户小额信用贷款和农户联保贷款业务。这些业务充分吸收了非政府组织（NGO）小额信贷的成功经验，以农户信誉为担保，在核定额度和期限内向农户发放不需抵押担保的贷款，取得了明显成效。在此背景下，商业性金融机构在政府推动下开始开展小额信贷。

2002 年，多部委联合出台小额担保贷款政策，并于 2003 年在全国全面开展小额担保贷款工作，以解决企业员工下岗失业和创业资金困难的问题，一般由城市商业银行和担保公司协作承担，从而鼓励更多劳动者实现创业和提高生活水平。不同于扶贫金融阶段纯粹的扶贫目的，微型金融阶段在金融机构可持续性发展上实现了突破，更加注重小额信贷

在提高农民收入、促进就业方面的作用，参与对象也不断扩大，农村信用社、城市商业银行等正规金融机构将业务经营重点投向了小额信贷领域，并成为小额信贷的主力军。这标志着中国正规农村金融机构开始大规模介入微型金融领域，而微型金融的目标，也从“扶贫”领域扩展到“为一般农户以及小微企业服务”的广阔空间，开启了中国小额信贷正规化进程。

（三）第三阶段：2005年至今，普惠金融阶段

2005年被联合国大会指定为“国际小额信贷年”，大会提出“普惠金融”的概念，鼓励各国小额信贷及普惠金融发展。同年，在中国，《关于进一步加强农村工作提高农业综合生产能力若干政策的意见》（2005年中央一号文件）明确提出，“有条件的地方，可以探索建立更加贴近农民和农村需要、由自然人或企业发起的小额信贷组织”，以支持农村小额信贷组织的发展，标志着中国进入普惠金融阶段。

2005年，中国人民银行在山西、四川、贵州和陕西等省份进行“只贷不存”的商业性小额信贷组织试点工作，探索民间资本进入小额信贷市场的可行性。2006年，《关于推进社会主义新农村建设的若干意见》（2006年中央一号文件）明确鼓励民间资本可以参股微型金融机构，培育民间经济主体的小额贷款组织。此后，更多的省份开展小额贷款公司的试点，小额信贷组织和规模迅速扩张。据中国人民银行数据统计，截至2016年末，中国小额贷款公司数量已达8673家，从业人员约

为11万人，贷款余额达到9272.8亿元①。

为了适应小额信贷市场的发展，许多银行金融机构也纷纷成立了专门的微型金融部门，如中国工商银行设立小企业信贷专业部门，中国民生银行组建中小企业客户部等，将微型金融作为新的发展契机，不断创新针对小微客户的金融产品和服务，如汇款、支付、结算、手机银行、网上银行等。同时，逐渐放开民营资本进入金融业，村镇银行等新型农村金融机构开始起步。2007年3月，四川仪陇惠民村镇银行开业，标志着村镇银行正式登上历史舞台。据中国银监会数据统计，截至2016年末，我国共有村镇银行1519家，各项贷款余额7021亿元。目前，这些微型金融机构已经呈现出蓬勃发展的态势。

如表3-1所示，普惠金融在中国首先由国际机构和政府推动，以项目的方式开展试点，其初衷是将过去救济式的扶贫模式变为造血式的扶贫模式。但是由于政府和国际机构的局限性，把目标群体严格地定为贫困甚至是绝对贫困人群。这个群体本身的金融能力和需求都需要开发；同时，以项目作为载体提供金融服务，项目具有时间周期，而项目机构自身没有可持续性。这些综合因素造成初期小额贷款项目的可持续性不足。

在借鉴政府和国际机构经验的基础上，加之金融监管的宽松和容忍，各种正式和非正式的金融机构开始按照商业模式提供小微金融服务。考虑到服务上的专业性和商业上的可持续性，它们对服务群体进行重新定位，它们瞄准了有金融需求的中低收入人群，而不是绝对贫困人群。商业化运作和目标群体的调整使它们在普惠金融领域获得了成功。

---

① 数据来源：中国人民银行网站。

与此同时，中国发达的互联网和通信网络，促使普惠金融服务数字化，大幅度降低了小微金融服务的成本，使部分小微金融机构迅速扩张成为该领域的独角兽。

表 3-1　　中国普惠金融各发展阶段的基本特征

项目	发展阶段		
	扶贫金融	微型金融	普惠金融
起始时间	20 世纪 90 年代	2000 ~2005 年	2005 年之后
服务机构	正规金融机构，如农村信用社、中国农业银行等	正规金融机构，如农村信用社、中国农业银行等	小额贷款公司、村镇银行、商业银行、网络贷款平台等
资金来源	金融机构存款、国家贴息贷款	金融机构存款、国家贴息贷款	金融机构存款、小额贷款公司、富裕人口
服务对象	农村贫困人口	农村贫困人口、城市失业人员、个体工商户等	中小微企业（SMEs）、农村贫困人口、个体工商户、城市白领等
金融产品	小额信贷	小额信贷及部分基本金融服务	小额信贷及汇款、支付、结算、手机银行、网上银行等金融服务
服务宗旨	减缓农村地区贫困状况	提高居民生活质量，促进城市就业	提供综合金融服务，降低金融服务门槛，提高金融服务质量

二、主要普惠金融指标

（一）普惠金融服务广度

1. 个人银行结算账户数量

个人银行结算账户数量稳步增长。截至 2016 年末，我国个人银行结

算账户数量已达 83.03 亿户，占银行结算账户的 99.41%，同比增长 13.35%，增速加快 0.15 个百分点，人均 6.02 个账户，如图 3－2 所示。

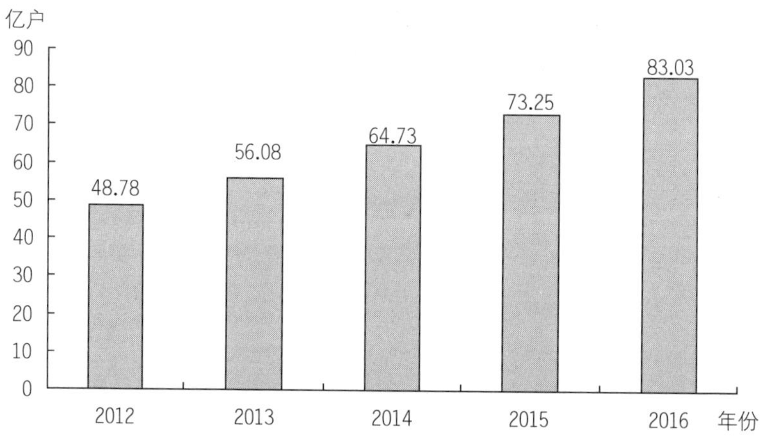

资料来源：中国人民银行。

图 3－2　个人银行结算账户数量

2. 银行卡数量

发卡量保持快速增长。截至 2016 年末，我国累计发行银行卡 61.25 亿张，同比增长 12.55%。其中，借记卡累计发卡 56.60 亿张，同比增长 12.97%；信用卡累计发卡 4.20 亿张，同比增长 6.87%。借记卡累计发卡量与信用卡累计发卡量之间的比例约为 13.48:1，同比略有上升。截至 2016 年末，我国人均持有银行卡 4.44 张，同比增长 11.73%。其中，人均持有信用卡 0.30 张，同比增长 6.10%，如图 3－3 所示。

3. 贷款余额

人民币贷款余额稳步增长。根据中国人民银行发布的《2016 年四季度金融机构贷款投向统计报告》显示，2016 年末，金融机构人民币各项贷款

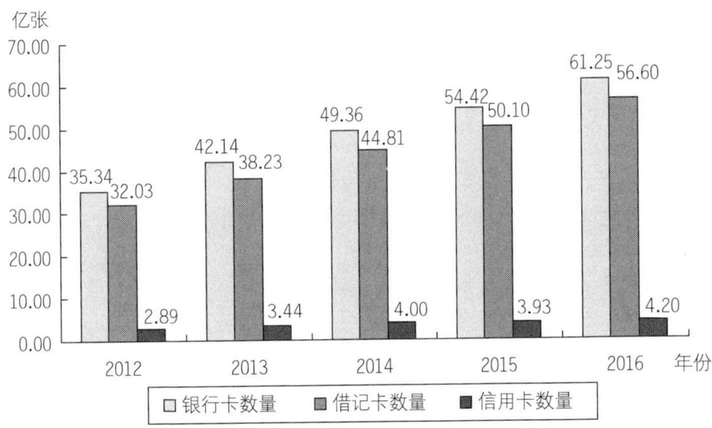

资料来源：中国人民银行。

图 3－3 银行卡数量

余额 106.6 万亿元，同比增长 13.46%，增速比上年末低 1.56 个百分点，全年增加 12.65 万亿元，同比多增 9257 亿元，如图 3－4 所示。

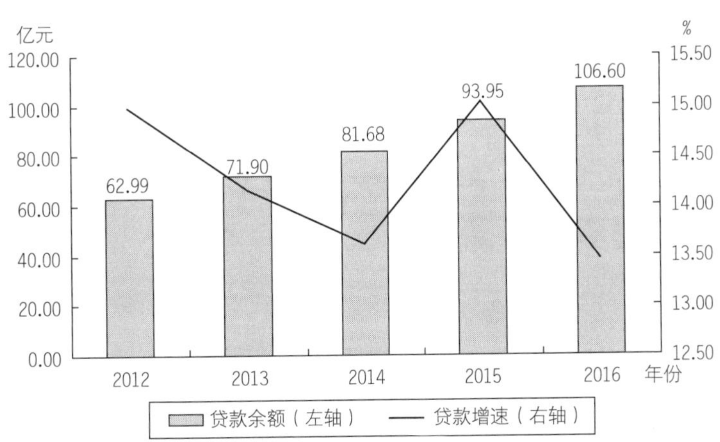

资料来源：中国人民银行。

图 3－4 金融机构人民币贷款余额及增速

（二）普惠金融服务深度

1. 农户贷款增量占比

2016 年末，农户贷款新增额占住户贷款新增额的 26.1%，比 2013 年末高 2.1 个百分点，如图 3－5 所示。农户贷款增量先增后减，且所占比例依然不高，均低于 30%。

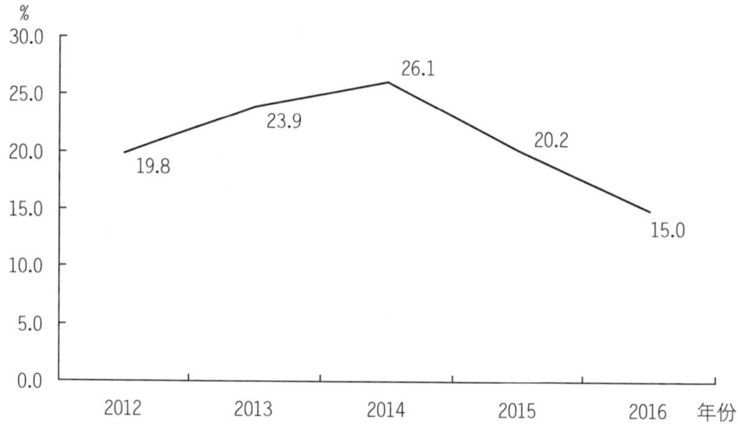

资料来源：中国人民银行。

图 3－5　农户贷款增量占住户贷款增量比例

2. 小微企业贷款余额占比

2016 年末，小微企业贷款余额[①]占全部企业贷款余额的 32.1%，比 2015 年末高 0.9 个百分点，如图 3－6 所示。小微企业贷款余额占比呈逐年提高趋势，但所占比例均低于 35%。

① 小微企业贷款余额＝小型企业贷款余额＋微型企业贷款余额＋个体工商户贷款余额＋小微企业主贷款余额。

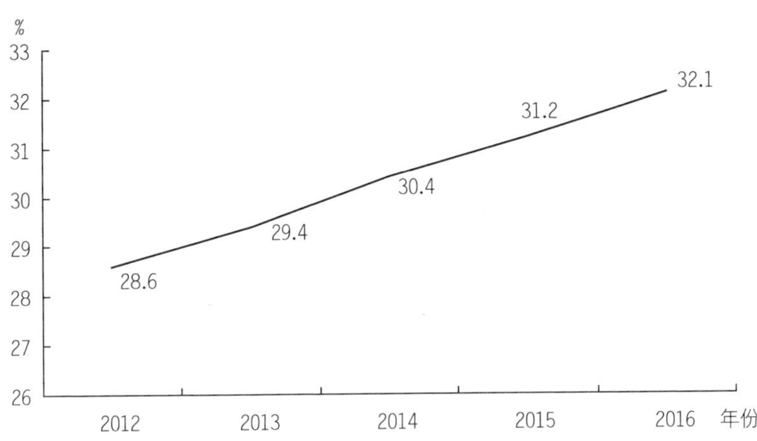

资料来源：中国人民银行。

图 3－6　小微企业贷款余额占全部企业贷款余额比例

通过对普惠金融服务广度和普惠金融服务深度的统计分析发现，尽管我国在普惠金融服务广度方面已经取得了长足的进步，但是普惠金融服务深度还不够，与普惠金融理念还存在很大差距，需要建立能够满足多层次金融需求、功能完善、竞争适度、可持续发展的普惠金融体系。

三、主要制约因素

虽然近年来中国的普惠金融发展迅猛，在社会中也产生了积极的效果，但是普惠金融的发展还存在各方面的制约因素，不仅影响了普惠金融的发展，也阻碍了普惠金融体系的建立。

（一）局部供不应求

从普惠金融发展的现实需要看，资金和其他资源应该向弱势群体、弱势企业、弱势产业、弱势地区倾斜和转移，但是目前中国资金配置呈现出从低收入群体流向中高收入群体、从农村地区流向城市地区、从农业流向工业的特征和趋势，存在金融资源配置不对称的问题。同时，金融资源配置不对称还表现为金融体系内流动性过剩与实体经济，特别是中小微企业和“三农”领域资金缺乏之间的矛盾。金融资源供求总量失衡，存在结构性的“过度”或“不足”，特别是总供给超过总需求，出现“过度金融”现象，导致金融结构供求失衡，阻碍了社会创业、创新的发展，制约经济发展，对经济发展产生负面影响。如何扭转金融资源配置不对称的格局，有序引导金融资源更多地向普惠金融领域倾斜，是发展普惠金融亟待解决的复杂问题。

（二）征信体系不够完善

普惠金融的发展有赖于征信体系的支撑。目前，中国普惠金融的管理信息系统建设普遍还处于初级阶段，结构化数据的存储、挖掘和处理技术仍未得到根本性解决，对于识别、研究客户非常不利，且客户资源也没有得到应有的开发和共享，因此不利于普惠金融业务效率的提升。中国还没有成熟的个人信用评估系统、个人征信系统和成熟的小微企业信用评估系统。普惠金融需求的主体，因其金融参与度低，缺少足够的信用基础，这就增加了商业银行向其提供金融服务的不确定性以及风险系数，进而导致基本金融服务不充分，出现小微企业融资难、融资贵、融资慢等问题。

（三）信用风险不断扩大

从普惠金融机构的运营情况来看，信用风险仍是影响金融市场发展的最常见风险，范围涉及贷款、贴现、担保、押汇、信用证等业务。在信息不对称的情况下，普惠金融服务对象贫困人群的整体素质不高，违约率不断提高，又由于信息传导不畅、重视地域关系等原因，农户更容易产生“从众心理”，风险一旦产生，就会很快传染扩散，甚至可能发生挤兑、效仿他人恶意不归还贷款等问题。从另一方面来说，农村的信息管理制度也有所缺乏，在发放贷款时可能会出现信息作假、信息不对称的情况。同时在农村，对贷款全过程的监控与披露的制度也存在一定的瑕疵，使得信用风险越来越成为普惠金融面临的难题之一。

（四）监管体制不够健全

普惠金融的发展理念及思维方式更为开放、平等、分享和包容，更加强调分工与协作，因此宽松规范的监管环境是普惠金融发展的基本要求。普惠金融如果作为市场化运作模式来进行，那么应该遵循市场化的监管指标并纳入相应的监管体系之中，使用一致性监管原则；普惠金融如果作为政策性金融模式来运作，那可能要实现差异化监管政策，比如在资本金、风险拨备、授信等领域可以存在一定的弹性，可以实行差异化监管标准。目前，中国金融监管机构为了保持金融系统的稳定性，还没有对普惠金融采取更包容、更开放的态度，金融监管政策和监管理念没有进行相应的调整。在严格的金融监管环境下，普惠金融难以获得立足之地。

四、重要特征与不足

综观普惠金融在中国的发展历程，从政府和国际机构推动，到金融

机构的参与，在蓬勃发展的经济环境下，迅速蔓延的互联网和通信技术使中国普惠金融显现出“速快面广”的总体趋势。归纳起来，可以观察到中国普惠金融的若干重要特征：

第一，较为完整的金融体系。在过去三十多年的改革开放进程中，中国已经形成了比较完整的金融体系，这一点值得我们自豪。我们有各种规模的银行，从全球规模最大的银行到中型银行以及许多小型银行。除此之外，我们还有各种类型的非银行金融机构、资本市场以及保险业、信托业等。这是发展普惠金融的基础。

第二，政府的有力支持。我国政府高度重视普惠金融事业，在过去几年中已经发布了一系列相关政策性文件。特别是 2016 年 1 月国务院公布了《推进普惠金融发展规划（2016—2020 年）》（以下简称《规划》），标志着国家层面的普惠金融发展战略的初步形成。《规划》明确提出，发展普惠金融的基本原则是“政府引导，市场主导”，也就是说，市场要在政府引导下发挥主导性作用。这就表明，中央政府和各级地方政府将主要致力于“引导”。我们认为，这种“引导”就是着力于建设金融基础设施，诸如制定普惠金融的发展战略、建设征信系统、改革企业进入退出制度以及相关的法规和监管体系，通过完善金融基础设施来促进普惠金融的进一步发展。

第三，数字化普惠金融的发展。数字金融指的是以数字方式发展的金融（互联网金融就是数字金融的一种表现形式，当然在我国互联网金融的知名度更高）。与新技术手段紧密联系的数字金融是发展普惠金融的引擎。在过去几年中，我国在这方面有许许多多的实践和探索。普惠金融与数字金融相互促进，共同成长，形成了数字化普惠金融。在解决

“最后一公里”的问题上，数字化普惠金融可以发挥独特的作用，让原本被金融“排斥”的各类群体能够获得广泛的金融服务。

在肯定中国普惠金融事业的发展成果的同时，我们也应冷静认清中国普惠金融所面临的一些挑战。至少有以下三点值得我们注意：

第一，失衡的金融结构。尽管我们已经拥有比较完整的金融体系，但我们的金融机构大多青睐国有企业、大型企业和高净值人群，即使是小型金融机构，只要有可能，它们也会倾向于上述“高端客户”。这就使得在我国金融可得性问题和“最后一公里”问题仍然相当突出。不过从目前的趋势来看，大多数金融机构，无论大小，都在实行“下沉”战略。换言之，它们越来越多地去覆盖中小微企业并提供金融服务。这一趋势无疑会改善中国的金融结构，有利于中国经济的平衡发展。当然，这种趋势需要多长时间才能使中国金融结构产生实质性改善，很大程度上取决于各金融机构对各自商业模式的探索：“下沉”战略能否取得成功受到很多因素的影响，“下沉”的效果也有待进一步观察。

第二，薄弱的金融基础设施。我们知道，基础设施建设是经济发展的必要条件。比如，发展交通运输时只注重改良汽车性能而不关注道路质量，交通运输终不会健康顺利发展起来。对于普惠金融来说也是如此，金融基础设施是发展普惠金融的必要条件。拿征信体系来举例，当我们鼓励各类金融机构甚至“民间金融”去关注小微企业、弱势群体时，往往会发现这样的问题：这些“新客户”的基础资料和信用记录很难获得，无法有效判断其风险状况，业务开展面临困难——因此社会的征信体系需要进一步提升和完善。当然，金融基础设施是个广义的概念，包含“软件”和“硬件”，征信体系只是金融基础设施的一个方

面。如果金融基础设施建设不能满足普惠金融发展的需求，那么发展普惠金融可能只会停留在口号呼吁上，甚至会导致“野蛮生长”的、畸形的普惠金融。在普惠金融基础设施方面，我们观察到，普惠金融的量化指标体系、社会征信系统、农村电子支付系统等都相对比较薄弱，这些是进一步发展普惠金融的重要障碍。

第三，匮乏的金融教育。这里不是指大学校园里的金融教育，而是指面向大众的金融知识教育。我国对一般公民提供的金融教育相当缺乏，部分社会群体被现有金融体系排斥在外，对金融知识一无所知，金融能力严重缺失。此外，目前关于金融欺诈的报道屡见不鲜——尤其是消费者在购买金融产品时受到的误导、欺骗。金融欺诈的原因当然是多方面的，但应当看到，很多人受骗并不仅仅因为他们贪财或好投机，更因为他们缺乏金融方面的教育。

第二部分

普惠金融能力建设

第四章

普惠金融需求方的能力建设

一、需求方金融能力界定

（一）需求方金融能力的定义

我们认为，需求方普惠金融能力是为实现金融普惠化以及更长远的包容性增长的宏观目标，普惠金融需求者为实现个体金融目标、发展目标所需具备的金融能力，是实现金融资源供求平衡、贫富两极分化缩小和社会和谐发展等宏观目标的重要微观基础。

从构成来看，普惠金融需求方既包含家庭，又包含微型经营者和中小微企业。不同类型的需求者所需具备的金融能力也不尽相同。两者既

有相重合的部分，也有相区别的部分。本书将按照消费者金融能力①、经营者金融能力分别进行阐述。

（二）消费者金融能力的界定

在给出消费者金融能力的定义之前，有必要对消费者金融能力面临的内部影响因素和外部制约条件进行讨论。

1. 消费者金融能力的内部影响因素

消费者金融能力的内部影响因素主要包括以下两个层面：

一是消费者所具备的金融知识和金融技能。消费者需要对生活中所涉及的金融概念有所了解。以贷款为例，消费者不仅需要了解可能从哪些机构获得贷款，不同机构的贷款条件是什么，还需要懂得计算和比较到期一次还本付息和每期等额还本付息的实际成本分别是多少，哪一种还款方式与自身的现金流特征更加契合，以及为了获得贷款应该如何积累信用等。

二是消费者心理特征。研究发现，金融能力与心理特征差异的关联非常紧密。以心理账户为例，同样是收入，不同的人对待工资和奖金的态度以及相应的使用分配方式可能大相径庭。② 从本质上讲，工资、奖金都是可供个人支配的资产，工资的1元和奖金的1元是一样的价值。然而，在实践中，有人倾向于把到手的奖金像对待工资一样进行理财，有人则将工资和奖金区别对待——用工资购物时会仔细比较并讨价还

① 对于金融机构而言，企业也是金融消费者。

② 依据行为金融学理论，其原因在于不同的人把不同来源的资金归入了不同的心理账户。

价，用奖金购物时则大手大脚甚至冲动消费。

2. 消费者金融能力的外部约束条件

消费者金融能力的外部约束条件主要包括以下三个层面：

第一，消费者所拥有的资源，主要是指个人或家庭的各类物质资产①。相较拥有中等或较多资产的消费者，为实现相同金融目标，拥有极少资产的消费者需要非比寻常的金融才干。

第二，消费者所处的经济金融环境。从经济环境来看，在经济下行时期要实现一定的金融目标将更加困难。从金融环境来看，形成约束的主要包括三个方面，一是金融基础设施，二是金融产品的可得性，三是金融消费者保护机制。以 P2P 网贷在中国和美国的发展为例。由于美国的投资理财产品较多，信用评价手段较为成熟、金融消费者保护机制相对完善，因此 P2P 投资者在风险爆发时很可能不会遭遇借款严重违约且维权无门的境况，而中国由于上述三方面不是很健全，金融消费者容易面临维权问题。

第三，消费者所需遵循和履行的社会规范和责任。如在不同国家，甚至是一个国家内的不同地域，由于传统习俗的不同，有子女婚嫁的父母通常所需负担的费用会大不相同。这一类约束条件直接关乎消费者从事金融事务的目标及消费者的“最佳金融利益”。

结合普惠金融的定义，我们认为普惠金融消费者金融能力的关键特征体现在两个方面：从内部因素来看，由于金融市场参与度相对更低，普惠金融消费者对金融知识、金融技能的掌握通常相对更少，同时存在

① 此处强调物质资产旨在与上述金融技能等人力资本因素加以区别。

相应的个体心理差异；从外部条件来看，普惠金融消费者通常处于自有资源相对更稀缺的状态，同时也受到金融机构、金融基础设施等不同程度的金融排斥。

我们认为，消费者的普惠金融能力是在一定的资源条件、经济金融环境及社会规范和责任背景下，为了实现金融普惠化和包容性增长的宏观目标，以及相应的更多地参与金融市场、改善个人或家庭生活水平的微观目标，消费者作出明智的金融决策（选择适当的金融产品和服务）所需具备的金融知识、金融技能，以及对待金融问题的态度和最终实践的金融行为。

（三）经营者所需特殊金融能力

相比消费者而言，经营者需要面对更多问题，需要拥有一些特殊的金融能力。我们认为微型经营者和中小微企业经营者所需特殊金融能力主要包含以下四个方面。

1. 商业项目的价值评估能力

微型经营者和中小微企业经营者都需要选择甚至主动挖掘和创造商业项目。虽然商业项目可小可大，但经营者都需要对其价值进行评估。

一位善于编织竹器的农村女性是否应该放弃务农，转而选择编织竹器来谋生？为回答这个问题，她可能需要了解竹片的进货价格，计算编织不同竹器的成本和效率，考虑将竹器拿到集市上售卖、卖给收货商还是在网络上售卖，比较预计利润率和借贷利息率，以及放弃务农的机会成本。

2. 运营现金流管理能力

经营者还需要对运营现金流进行持续的日常管理，其中主要包括对库存、应收款项和应付款项等短期资产和短期负债的管理。

让我们继续以编织竹器谋生的微型经营者为例，她可能需要考虑以下一些问题：在采购原材料时，应当借款还是向供应商赊购？付现款的原材料价格和赊购价格是否存在差异？在竹器制作环节，是否应当有存货？在销售环节，应该预收款项，还是定期结账？相应地，预收款项应该预收多少？或者在选择定期结账的情况下，采购商拖欠货款时应该采取怎样的策略进行应对？

3. 适应商业项目和企业生命周期的融资能力和企业资本结构管理能力

随着商业项目和企业的成长，经营者需要选择适应商业项目和企业生命周期的融资方式，以及有利于企业发展的资本结构。

当商业项目得到发展，企业很多时候就需要融资。例如，当上述农村女性编织的竹器接到较为长期的大订单，她可能就需要进行融资，以便采购更多的竹片，并发展亲友邻里也加入编织竹器的买卖中。这时，她就需要考虑是否还能从熟人处借到足够的资金，除此之外还有什么渠道可以融资，不同渠道的融资成本是多少等问题。

从上述例子可以发现，在商业项目和企业生命周期的不同阶段，经营者可能会面临不得不选择某种融资方式的情形，也可能面临众多融资方式选择最有利者的情形，这就需要经营者的融资能力和资本结构管理能力适应发展变化的要求。企业生命周期中各阶段的融资选项如图4－1所示。

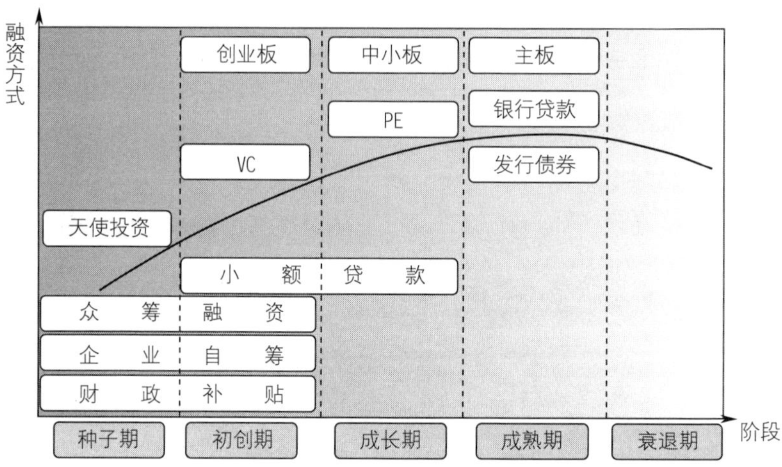

图4－1 企业生命周期中各阶段的融资选项

4. 运用多样化金融工具的能力

随着金融市场的发展深化和数字信息技术的渗透普及，除了传统的融资工具，还出现了越来越多的金融产品与服务，经营者能否恰当地运用这些金融工具可能决定着企业的发展前景。

例如，潜在创业者可以利用新兴的项目众筹平台展示创意、筹集资金并获得初步的市场反馈；微型农业经营者可以凭借自然灾害保险而免受天灾的打击，保险还可以保障小微企业免受各类意外冲击；中小外贸企业的经营者可以运用外汇衍生品进行套期保值。恰到好处地运用这些产品可以让经营更加稳健——让不可能成为可能，让晴天霹雳变为虚惊一场。

在金融普惠化和包容性增长的宏观目标下，微型经营者和中小微企业经营者所需金融能力的确与消费者有所不同，但从本质上看，也是基于一定的经济金融环境、社会规范和责任等条件，经营者借以更好地满足商业项目和企业发展微观目标的金融知识、技能、态度和行为。

（四）衡量和评价普惠金融需求方金融能力的方法和指标

在评价指标的选取上，世界银行的定义是：在给定具体社会经济条件的前提下，金融能力的衡量主要包括对知识（素养）、技能、态度、行为四个方面的评估。

金融知识（素养）的评估主要聚焦于消费者日常生活中必要的知识，通常包含三个层面：一是金融概念（如储蓄、借贷、通货膨胀、风险分散等），二是金融产品和服务（金融业所提供的产品和服务以及相应的风险和成本），三是操作或实践知识（如何进行储蓄、投资，如何防范金融欺诈等）。金融技能的评估主要针对读写技能和简单数学技能等认知能力。金融态度的评估主要包括接受金融教育的偏好、管理预算和支出的原因和倾向以及对金融服务提供者的看法等心理因素。金融行为的评估主要涉及资金管理（日常理财）、长期计划（意外防范和退休金准备）、金融决策（选择合适金融产品的能力）和获取建议四个方面。

经营者所需特殊金融能力在层次上仍然可以分为知识、技能、态度和行为，只是在内容上有特别之处。以经营者所特需的商业项目评估能力为例，首先要求经营者了解类似公司理财中项目现金流现值的金融知识；其次是能够进行必要的经验学习和运算；最后是在自身态度的影响下作出决策，并在企业运营中对金融决策进行实施和调整。因此，经营者金融能力的衡量和评估也可以世界银行所建立的金融能力评估指标体系作为参考。

（五）提高普惠金融需求方金融能力的途径

我们可以从内部金融能力和外部约束条件[①]两个角度入手来寻找提高金融能力的途径。

首先，从外部约束条件来讲，我们能从不同层面作出社会和环境的改变，进而提高金融服务需求方的能力。这可能包括通过信贷联盟提供价格更实惠的贷款、与警方合作打击高利贷者、为负债人群提供帮助、减少就业障碍、确保福利和税收优惠足额及时发放等。相关研究发现，改变消费者作出金融决策的环境可能比改变消费者金融能力更为高效。

其次，相比外部约束条件而言，如何促进客户内在金融能力的提高既是政策热点，也是研究和争论的焦点。其中，开展金融教育是各国的普遍措施。

在许多国家，政府和第三方组织通过金融教育以期提高国民金融能力。美国指定每年 4 月为国家“金融扫盲月”，以英国为代表的许多欧洲国家也开展了形式丰富的金融教育活动。

此外，对各个年龄段的人群，尤其是青少年和年轻成年人、为人父母者、老年人，对其进行金融教育都非常有必要。

从经营者的角度，Eton（2016）研究发现，能力建设对企业家成功地进行金融规划是至关重要的，并建议政府和私人部门的机构应该提供足够的技能培训项目。然而，除了技能，经营者的个体特性也会影响创

① 相对于金融能力而言，客户所拥有的资源也属于外部条件。

业机会的发现，包括动机、风险态度、教育和培训、职业经历、年龄以及社会地位等心理或人口特征。

由于提高客户普惠金融能力并不是终极目标，通过改变金融能力的外部约束条件来促进客户更容易地实现发展目标可能在短期内更为高效，而通过金融教育、金融培训等方式来提高金融素养和金融能力需要选择有效的方法和恰当的时机。

二、消费者金融能力建设

在消费者金融能力建设方面，中国普惠金融研究院（CAFI）通过问卷调查对两类具有代表性的社会群体——农村居民[①]及大学生群体[②]的金融能力现状与影响因素作实证分析，为该领域的研究作出了有益的尝试。本节将对这两类社会群体的金融能力建设作剖析。

（一）农村居民金融能力分析

中国国家统计局的数据表明，2016 年末农村户籍人口为 58973 万人，占全国总人口比重为 42.65%。农民是普惠金融服务的重要目标群体，对其金融能力建设展开研究，具有重要的经济及社会意义。

1. 农村居民金融能力现状测评框架

该调查的对象为居住在农村地区的成年居民。调查样本来自我国东

① 全文见中国普惠金融研究院课题研究报告《普惠金融进程中农村居民金融能力：测评、影响因素与提升对策》，课题负责人：熊学萍。

② 全文见中国普惠金融研究院课题研究报告《普惠金融能力建设下的大学生金融素养问题研究》，课题负责人：刘勇。

部的山东省、中部的河南省和西部的贵州省。该调查从基本金融知识认知、理解和应用、风险和回报、金融规划、金融背景信息分析和金融责任认知共6个方面，使用12个指标（每个指标对应一个问卷问题）构建了评估中国农村居民金融能力的测评框架。

2. 农村居民金融能力总体分析

该问卷调查采用被访者对上述6个方面的答题得分对其金融能力进行衡量，满分为24分。从调查结果来看，总体而言，所调查的三省农村居民的金融能力均较低，得分最高的山东省均值为15.28分，河南省为14.64分，最低的贵州省为13.02分。我们可以看到，农村居民的金融能力偏低。

3. 农村居民金融能力的影响因素分析

哪些因素影响到农村居民的金融能力？其影响因素有多大？研究发现以下一些现象。

（1）金融能力的性别差异较为明显。研究结果显示，除山东省性别变量不显著外，河南省、贵州省女性的金融能力水平显著低于男性，男性和女性在金融能力水平上的差距平均为0.78分和0.97分。目前，随着中国农村地区女性在生产生活中地位的提升，金融能力的性别差距问题应得到特别的关注。

（2）金融能力的年龄特征不明显。从研究结果分析看，每个地区农村居民的年龄对金融能力的影响各异，没有统一的结论。山东省被访者的金融能力，在整个生命周期内大致呈现递增趋势，老年人的金融能力最高；河南省的样本中，老年人与青年人差别不大；贵州省农村居民的金融能力在整个生命周期内呈现递减的态势，青年人的金融能力较高。

（3）金融能力的教育特征明显。金融教育有个人教育、家庭教育及外部教育三个途径。研究分析的结果发现：一是金融能力的个人教育特征。被调查者的教育水平越高，其掌握的金融知识和技能也越高。二是金融能力的家庭教育特征。分析结果显示，在山东和河南两省，金融知识和技能可以通过父母传递给子女，提高居民金融能力对当代和后代都是非常重要的。而在贵州省，父母教育水平对子女金融能力没有显著影响。三是金融能力的外部金融教育特征。分析结果与家庭教育结果类似：在山东和河南两省，参加外部金融教育的被调查者的金融能力较强，即金融教育对居民金融能力会产生积极的影响；在贵州省，外部金融教育对居民金融能力提高没有显著作用。

（4）金融能力的家庭收入影响较小。在山东和河南两省，家庭平均收入对居民金融能力的提高没有显著影响；在河南省，家庭人均收入越高的居民，其金融能力越高，家庭人均收入每提高 1 万元，金融能力提高 0. 33 分，其作用效果比较弱。

（5）金融能力的从业类型特征明显。三省模型中，非农就业的被调查者的金融能力最高，其次为非农兼业和农业兼业，纯农业就业的被调查者的金融能力最低，这可能是因为非农程度越高的职业所需要的金融知识相对较多，从事非农程度高的农村居民接触金融方面的知识和技能的机会也较多，从而其自身的金融能力较强。

（6）金融能力的风险偏好特征明显。对三个省的模型结果进行分析发现，被调查者越偏好风险，金融能力就越高，这可能源于偏好风险的被调查者，会更主动参与一些金融活动，积累更多的金融知识和技能，从而具有更高的金融能力。

（二）大学生金融能力分析

在教育部首次发布的《中国高等教育质量报告》中显示，2015 年中国大学生在校人数已达到 3700 万人。从现实情况看，最近几年不时发生的校园借贷悲剧让我们必须对这个群体金融素养不够的问题进行反思。从这个角度而言，在校大学生也应当作为普惠金融消费者能力建设的对象来看待，而且具有代表性。

1. 大学生的金融素养总体情况

金融素养在这里定义为客观与主观金融素养的结合。主观金融素养是个体金融自信心的一种体现。客观金融素养表明个体对金融知识的了解程度。本书中的客观金融素养采用 7 个问题的得分（包括利息、通货膨胀、债券、房贷、股票、信用卡、担保）来综合测度。

从调查统计结果来看，总体上讲，大学生的金融素养仍然偏低，满分为 14 分，而无论男女大学生，得分都在 7.5 分左右。分地区来看，东部略高于其他部分地区，但是差别不大；父母受教育程度方面，学历较高的家庭得分高于其他部分群体。

2. 大学生金融行为分析

结合大学生特点，调查中关注三种金融行为：消费（过度消费）、借贷（借钱消费）、储蓄行为。

从统计结果来看，大学生群体中确实存在过度消费行为，而且为了某种高消费，愿意借钱的比例为 40% 左右，比例较高。另外，用银行卡进行储蓄的比例仅为 40% 左右，比例偏低。这说明大学生在学校阶段已经涉及金融借贷等比较复杂的金融行为，这就涉及如何计算利息、如何规划还款等一系列财务管理的问题。

3. 大学生金融教育分析

大学生的金融教育来自三个方面：家庭教育、学校教育、社会教育。调查中，该部分的测试总分为 21 分。令人吃惊的是，在总分为 21 分的测试中，大学生的总得分仅有 4 分左右，这表明大学生的金融教育非常令人担忧。

4. 金融教育与金融素养的关系分析

金融教育是否会促进金融素养的提高？三种教育途径哪种途径对金融素养的促进作用最大？

通过回归分析模型，对此问题进行分析，得出的结论是，金融教育对金融素养提高确有帮助，其中学校金融教育对大学生的金融素养影响最大，其次是家庭教育，社会教育的影响很小。

5. 大学生金融素养与金融行为关系分析

金融素养是否会对金融行为产生影响？对调查数据的进一步研究，发现有如下的一些结论。

（1）金融素养与金融消费行为的关系。就金融消费行为而言，客观金融素养的影响为负向，表明客观金融素养越高，过度消费行为的可能性越小；主观金融素养则是正向的刺激作用，说明主观上的自信心较强（或者说过度自信的心理特征），容易发生过度消费行为。

（2）金融素养与储蓄行为的关系。就金融储蓄行为而言，主观金融素养通过了模型的显著性检验，存在正向积极影响，而客观金融素养的影响并不明显。这表明主观金融素养越高，储蓄倾向越高，而客观素

养影响不大。

（3）金融素养与金融借贷行为的关系。就金融借贷行为而言，主观金融素养的影响为正向，表明主观金融素养越高，借贷行为越积极；客观金融素养则是负向影响，说明客观金融素养越高，借贷行为可能性越小。

（三）提高普惠金融消费者金融能力的对策与建议

通过对农村居民及大学生这两类群体的调查分析，可以得到一些带有普遍意义的如何提高消费者金融能力的结论，同时也可提出一些针对某些个体的具体建议。

第一，金融教育必不可少。从上述两个群体的调查研究可以发现，无论是成年农村居民还是成年大学生，金融教育对金融能力建设均有明显的促进作用，因此应当广泛地展开各方面的金融教育，包括学校、家庭及社会金融教育。

第二，重点关注农村女性金融能力的提高。农村居民的调研实证结果显示，男性金融能力显著高于女性。因此，应重点关注女性金融知识和技能的提高，制定针对女性金融能力的提高项目或方案。

第三，制定针对不同职业类型农村居民的金融能力提高方案。不同职业的农村居民其金融能力存在较明显差异，因此，应设计针对不同职业类型人群的金融能力提高方案。例如，对纯农业生产经营者，应主要提高基本金融知识和技能，培养其在农业生产资料购买和农产品销售环节所必需的金融能力。

第四，制定针对不同年龄居民的金融能力提高方案。处于生命周期不同阶段的居民，其金融能力一般是存在差异的，且所需要的知识和技能也不尽相同。因此，应在充分调研的基础上，制定符合不同年龄段需求的金融教育方式和内容，开展层次鲜明、适合特定年龄阶段的金融教育活动。

第五，区分主观、客观金融素养对金融能力带来的影响。主观/客观金融素养对大学生金融行为均有影响，但需区别对待。就金融消费行为而言，主观金融素养刺激了过度消费行为，而客观金融素养则对该行为有约束作用；主要受主观金融素养对储蓄行为起到积极作用，客观金融素养高低则无影响；而主观金融素养高的群体其金融借贷行为积极，客观金融素养低的群体则借贷行为谨慎。

三、经营者金融能力建设

经营者金融能力建设区分中小企业及微型经营者两类群体进行分析，主要侧重于对其融资能力的对比考察。

（一）微型经营者的融资需求基本被满足

微型经营者在广义上应包含农村中从事农业生产的家庭、个体工商户、微型企业等群体。我们以个体工商户为研究对象，用于分析个体工商户的数据①来自西南财经大学中国家庭金融调查与研究中心 2015 年的家庭问卷调查结果。

① 如无特别说明，本节之后的图表数据均来自中国家庭金融调查与研究中心，2015 年家庭金融调查数据库中的数据。

1. 个体工商户总体盈利能力较强，但盈利水平较低

如果考察个体工商户的盈利能力，在调研样本中，有80%的商户是盈利的，仅有6%的商户亏损。这说明总体而言，个体工商户的盈利能力是比较强的。但如果考察个体工商户的盈利水平情况，85%的个体工商户盈利水平在10万元以下，98%在50万元之下，多数处于低水平。

从行业分布来看，个体工商户的经营范围主要集中在零售、餐饮、交通运输等传统行业中，这三个行业占到了62%的比重。这些行业的特点是资金门槛、技术门槛较低，比较适合个体工商户资金规模小、人员少、无须特别的技术积累就可以启动项目的特征。

2. 多数个体工商户融资意愿较低，但有融资需求的微型经营者存在融资难的问题

经营实体发展到一定阶段，由于业务规模增长的需要，必须向家庭外部进行融资。在我国，个体工商户的融资渠道主要是向银行等金融机构贷款及向民间的亲友间借款，囿于数据可得性问题，我们仅就银行贷款加以分析。

首先考察个体工商户是否有银行贷款。在所调查的样本中，仅有9%的个体工商户有银行贷款，贷款者比率很低。造成这种现象的原因是什么？是由于银行惜贷还是个体工商户贷款意愿不足？

进一步的数据挖掘发现，有90%的个体工商户认为自己不需要贷款。这说明多数个体工商户没有贷款的意愿。从个体工商户的特征分析，造成这种现象的原因可能有以下三个方面。

第一，个体工商户盈利能力较强，某种程度上无须“负债经营”。

第二，其经营规模较小，基本采取自给自足型的经营方式，属于生

存型创业，其发展壮大企业规模的动力不足。

第三，行业特征。多数个体工商户从事的行业是零售及餐饮、个体运输业等，这种适合个体经营的行业由于竞争激烈，没有一定的资本及创新很难在短时间内扩大经营规模，因此对于大规模的融资需求就不是非常强烈。

而对于有意愿借款商户的银行贷款申请中，约有80%的贷款申请被拒绝（这还不包含正在申请中可能被拒绝的数目）。这说明有融资需求的个体工商户，其获得贷款的难度比较大。如果考察被访商户贷款被银行拒绝的原因，可以发现在银行没有信用记录、没有足够的抵押或担保是造成贷款难的主要原因。

3. 有贷款的个体工商户其资金需求基本被满足，额度低，期限短，利率较高，信用贷款比例低是其主要特征

接下来我们考察个体工商户贷款的期限、利率、额度、贷款形式等特征。

在银行贷款的期限结构上，个体工商户的贷款主要集中于短期融资，有59%的贷款是在一年以内。在获得贷款的额度上，93%的个体工商户贷款额度在50万元以下，贷款规模一般较小。

那么，这种期限短、额度低的银行贷款是否满足了个体工商户经营的资金需求？

根据受访个体工商户的反馈，认为银行贷款能够满足其大部分经营需求的经营者占到了74%，从这个数据来看，可以说银行贷款基本满足了多数微型经营者的资金需求。

融资中的核心问题是利率，个体工商户的银行贷款年化利率主要集

中于5% ~10%（简单算术平均值为7.5%），约占70%，其次为10% ~20%，占22%，相比同期企业平均融资成本5.38%[①]来说，微型经营者所负担的融资成本相对较高。

继续考察个体工商户的贷款形式，可以发现，其银行贷款的主要形式依然是有抵押及担保的贷款，占61%，信用贷款比例较低。

4. 主要结论

通过以上分析，可以看到：一方面，个体工商户的融资意愿并不强烈，融资额度需求较低，这与中小企业的融资需求呈现强烈反差；另一方面，虽然部分有融资需求的微型经营者也存在融资难、融资贵的问题，但多数个体工商户的融资需求基本得到满足。

（二）“消失的中间段”[②]：相比微型企业、大型企业，中小企业面临更大的融资约束

改革开放以来，中小企业（除非特别说明，本书的企业分类均按照《中小企业划型标准规定》[③]）已成为推动我国经济发展的重要力量。2017年初，在全国工商注册的中小企业总量超过4200万家，占全国企业总数的99%以上。吸纳就业人数占城镇就业人口的80%以上，工业产值占总量的60%以上，贡献税收约50%以上[④]。

---

① 数据来自中国人民银行网站《2015年社会融资规模增量统计数据报告》。

② 琚聪怡、李存刚对此文数据整理作出贡献，特此感谢。本文得到国家社科基金重要项目（15AZD012）的资金支持。

③《中小企业划型标准规定》，http://www.miit.gov.cn/newweb/n1146285/n1146352/n3054355/n3057278/n3057286/c3592332/content.html。

④ 数据来源：工信部、国家工商总局网站。

中小企业一般比微型企业有更大的经营规模，企业主也相对更成熟和有经验。然而，其信贷资金需求的满足程度却远低于微型企业。为什么会出现这种情况？在对发展中国家中小微企业的研究中，一些学者提出“消失的中间段”（missing middle）的说法（Anne O. Krueger，2007），其要义是中小企业的融资难度比微型企业[①]和大型企业更大。

1. 研究思路

可贷资金理论认为利率会影响可贷资金供求。按此推论，如在既定利率下资金供给不足以满足资金需求，需求方就会出现融资难问题。而研究指出，正是中小企业相较于微型、大型企业的一些特征（如边际收益低、融资成本高、企业风险大等）造成了该问题的存在。

研究的基本逻辑是，比较中小企业与微型、大型企业的边际利润率和风险，看中小企业是否存在利润率相对更低、风险相对更高的情况，若如此，中小企业在借贷能力上就存在内在脆弱性（作为需求方，由于利润率较低，因此可承受利率较低）。作为商业化运作的银行等金融机构对这类企业提供贷款时，会因为承担较高违约风险但难以获得与风险匹配的收益（作为资金供给方，要求较高利率作为风险补偿）而望而却步，导致资金供给不足。

2. 指标选取

在指标选取上，本书选择盈利能力、风险利率、风险程度等指标辨识中小企业是否存在融资的内部脆弱性。盈利能力选择销售毛利指标并以税前利润做销售毛利的近似替代。风险程度选择企业销售增长速度作为大致

① 一般是未经工商局注册的非正规小型企业，如小作坊、路边小摊、小夫妻店等。

衡量企业风险的指标。风险利率使用银行的企业贷款利率作为风险利率①。

3. 数据检验

(1) 中国中小企业与微型企业、大型企业的盈利能力对比分析。使用西南财经大学2015年中小微企业调查数据和Wind数据（2015年）中的大型企业数据进行分析，得到以下分析结果（见表4-1）。

表4-1　　　　大中小微企业盈利能力分析（2015年）

企业类型		财务指标	样本量	均值	中值	最大值	最小值	标准差	数据来源
一级分类	二级分类								
微型企业	正规企业	毛利率	886	0.538	0.3	5	0.001	0.778	西南财经大学
	非正规企业	毛利率	4149	418.813	0.714	10000	0	1838.021	西南财经大学
小型企业		毛利率	1916	0.375	0.167	5	0.001	0.629	西南财经大学
中型企业		毛利率	123	0.297	0.1	5	0.001	0.576	西南财经大学
大型企业	全行业	毛利率	3104	0.091	0.095	15.138	14.360	0.568	Wind
	制造业	毛利率	2104	0.087	0.093	15.138	-14.360	0.601	Wind

注：1. 正规微型企业（formal）是指在工商局正式注册的企业，数据来自西南财经大学《中国中小微企业调查》（2015）数据库。

2. 非正规微型企业（informal）是指没有在工商局正式注册，承担税费限度比较低的微型企业，数据来自西南财经大学《中国家庭金融调查》（2015）数据库中的个体工商户数据。

3. 全行业中不含房地产和金融业。

① 微型企业边际利润率均值最高，为53.8%，往下依次为小型企

① 自2013年7月，中国人民银行全面放开金融机构贷款利率管制，允许金融机构根据资金状况和金融市场动向自主调节利率水平以来，商业银行可以根据贷款对象风险程度调整风险溢价。

业、中型企业和大型企业，分别为 37.5%、29.7%、9.1%。如果选择中值指标，微型企业、小型企业、中型企业、大型企业的边际利润率分别为 30%、16.7%、10%、9.5%。中小企业的盈利能力低于微型企业，但高于大型企业。

② 微型企业中的非正规企业（个体工商户）边际利润率最高，达到 71%。这在一定程度上说明该类型企业相对其他不同规模的正规企业，存在很高的盈利水平。

上述的数据说明中小型企业盈利能力相对微型企业低，意味着在其他条件相同的情况下，其对利率的承受能力较微型企业低。尽管大型企业的毛利率低于中小型企业，但是大型企业充沛的抵押担保能力使其实际负担的利率水平可能要远低于中小型企业。

（2）中国中小企业与微型企业、大型企业的风险对比分析。本书用企业销售增长速度评价其风险，并假设增长速度越高，企业的风险就越大。从统计结果可以看出，2010 ~ 2016 年，中小型企业的销售收入平均增长速度远远大于微型企业和大型企业，说明与微型企业和大型企业相比，中小型企业的风险相对更高（见表 4 – 2）。

表 4 – 2　我国不同规模企业增长速度的描述性统计（2010 ~ 2016 年）

企业类型	统计时间	平均值	最大值	最小值	标准差	样本数量	数据来源
微型	2010 ~2012 年	39.62%	1614.78%	−84.54%	1.34	182	山东大学数据
中小	2010 ~2012 年	124.76%	6166.40%	−95.74%	5.90	132	山东大学数据
	2014 ~2016 年	64.35%	16046.79%	−73.56%	3.65	6809	Wind 数据
大型	2010 ~2012 年	28.09%	6443.56%	−100.00%	1.58	3102	Wind 数据
	2014 ~2016 年	18.91%	5496.45%	−94.44%	1.44	3102	Wind 数据

注：企业增长速度用企业销售收入增长速度表示。

由于山东大学数据期间是2009～2012年，并缺少大型企业数据，故选择Wind数据库对应期间的数据作补充。可以看到，2010～2012年，中小企业增长速度是微型企业的3倍，是大型企业的4倍（见图4－2）。考虑到山东大学中小企业增长速度的数据有较大标准差，为进一步印证，我们选择标准差较小的Wind非上市公司数据作为补充，但非常遗憾，该数据库数据期间是2014～2016年，所得结果只能作近似印证（见图4－3）。自2013年起，我国经济进入较快下行期，各类企业增速明显放缓，尽管如此，该期间中小型企业依然保持64.35%的增长速度，远远高于同期大型企业。

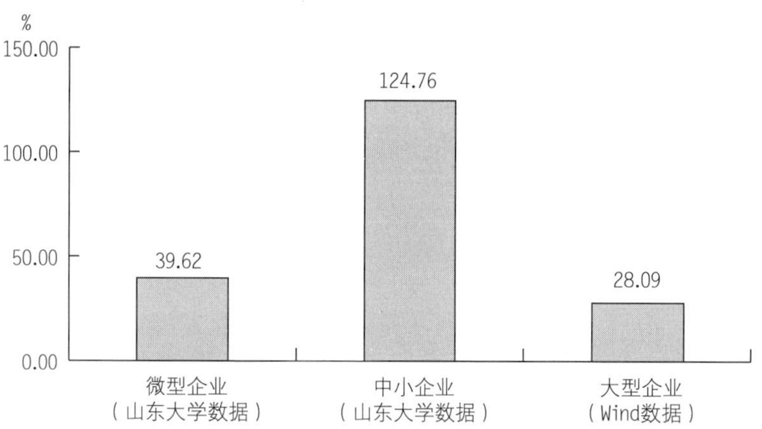

图4－2　我国不同规模企业平均增长速度比较（2010～2012年）

（3）中小企业与微型企业、大型企业的债务融资能力比较。研究认为，是否有“销售毛利率－风险利率≥0”决定了企业债务融资的能力。由于数据源缺乏中小微企业的此项数据，因此使用利息负担能力指标进行替代衡量。本书设定利息负担能力＝销售毛利/企业年应付利息。

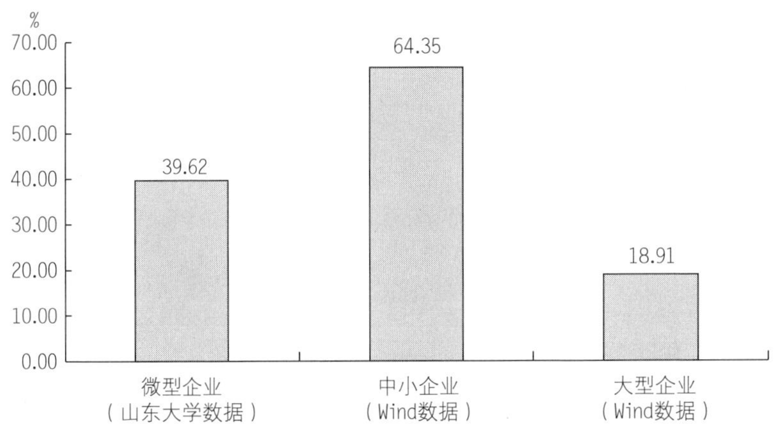

图 4－3　我国不同规模企业平均增长速度比较（2010～2016 年）

该比率越大，企业“销售毛利－风险利率”的值就越大，企业债务融资能力越强。

使用数据分析后的结果如表 4－3 所示。考虑到微型企业数据的标准差太大，选择中值表示的利息负担能力，则有中小企业利息负担能力低于微型企业和大型企业。

表 4－3　　大中小微企业利息负担能力比较（2015 年）

企业类型	财务指标	样本数	均值	中值	最大值	最小值	标准差	数据来源
微型企业	利息负担能力	58	3540. 74	1. 89	200000. 00	0. 01	26000. 00	西南财经大学
小型企业	利息负担能力	236	4. 01	0. 64	124. 50	0. 00	11. 40	西南财经大学
中型企业	利息负担能力	21	0. 91	0. 29	8. 30	0. 01	1. 81	西南财经大学
大型企业	利息负担能力	3104	1. 47	1. 53	243. 38	−230. 87	9. 13	Wind

注：1. 利息负担能力＝销售毛利率/利息率。其中销售毛利是指息税前利润。

2. Wind 数据选自 A 股上市公司 2015 年数据，上市公司中不包含金融房地产行业。

如图4－4所示，可以看到利息负担能力在微型企业、小型企业、中型企业、大型企业之间呈现明显的U形分布，说明中小企业相对微型和大型企业，在融资能力上有明显的内部脆弱性。

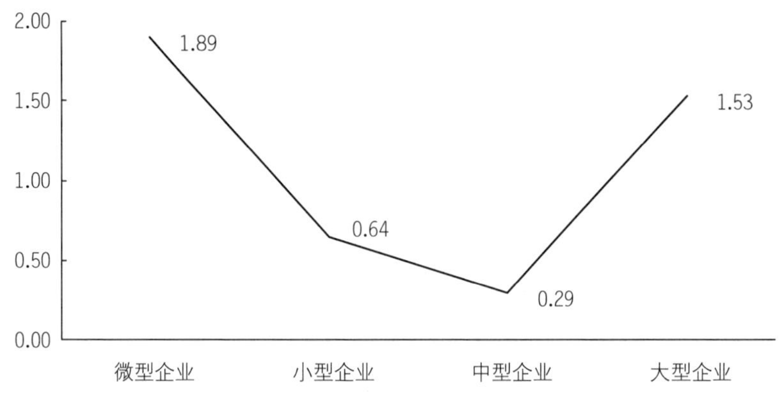

图4－4　我国大中小微企业利息负担能力比较

需要特别指出的是，如果在风险相同的情况下企业能提供很好的抵押/担保以对冲投资人风险，贷款利率可以降低。如大型企业，其平均贷款利率普遍低于中小企业的一个重要原因是前者有很好的抵押担保资质。中小微企业的一个显著特征是缺乏抵押物，在担保能力有限下，融资必然有相对更高的利率成本。

（4）中小企业与微型企业对于借贷资金需求的比较。山东大学数据库数据显示，从企业发展的资金缺口看，中小企业比微型企业有更大的资金缺口。调查问卷中认为“企业发展资金缺口很大”中，中小企业比微型企业高出1.57倍。说明资金不足进而影响企业发展的问题，中小企业比微型企业更严重（见图4－5）。

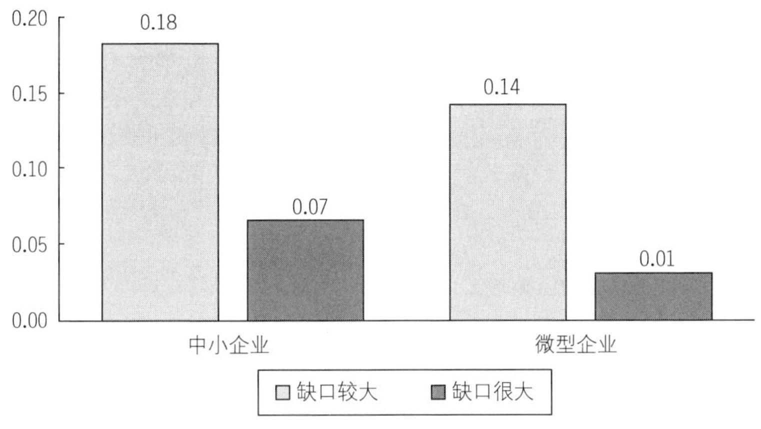

数据来源：山东大学数据库。

图 4 –5　我国中小微企业发展的资金缺口比较（2013 年）

4. 结论与建议

研究发现，在不同规模企业信贷约束领域中，“消失的中间段”在中国的确存在。对于我国普惠金融的发展来说，对中小企业的金融服务应该引起更高的重视。

导致中小企业融资困难的主要原因：首先，相对微型企业和大型企业，中小企业有更高的经营风险，这意味着要承受含更高风险溢价的利率成本。其次，相对微型企业，中小企业有更低的盈利能力，这意味着中小企业承受高利率的能力较微型企业低。最后，相对大型企业，中小企业有更弱的抵押/担保能力，这意味着中小企业不能像大型企业那样充分利用抵押担保手段对冲风险溢价带来的高融资成本。尽管后者的盈利水平甚至低于中小企业，但其充沛的抵押能力能够帮助其获得更低利率的借款。这三个因素相互掣肘，形成了导致中小企业融资困境的深层

障碍。从这个意义上说，我国中小企业融资能力的内在脆弱性，其无论和微型企业比较，还是和大型企业比较，都存在天然弱势。

5. 政策建议

既然中小企业是国家经济发展的重要支柱，是解决社会就业问题的重要途径，设法克服中小企业融资能力的天然弱势就是一个不容忽视的问题。一个重要的方法就是帮助中小企业提高担保能力，以降低其融资成本。提高担保能力的实践探索很多，目前主要有三个担保模式：来自政府的担保支持；来自商业的担保支持；来自企业界自我互助的担保支持。但这三种模式各有利弊。建议探索一种新的担保模式，同时融合商业担保、政府担保、企业联保的优势并克服其各自的弊病，这是值得我们继续深入研究的课题。

第五章

普惠金融供应方的能力建设

普惠金融服务供应商既包括传统金融机构，也包括新型金融机构、各类非金融机构、公益性组织、非政府组织等，是普惠金融服务的提供者、普惠金融理念的实践者、普惠金融创新的主导者、普惠金融监管的落实者，是普惠金融消费者保护的责任主体和普惠金融体系的重要组成部分。普惠金融服务供应商的能力，就是“能够发挥应有的重要功能，解决遇到的困难，确定并实现目标；能够考虑到广泛的实际情况，并以可持续的方式去理解并应对发展问题”。普惠金融服务供应商能力建设的目的是提高经营普惠金融业务的能力。普惠金融能力建设是个系统性工程，涉及治理结构和业务管理的各个方面。普惠金融能力建设除了要遵循一般经济实体的普遍规律外，还要格外强调提供涉及普惠性的内

容，重点提升提供合适的、负责任普惠金融服务以及保持普惠金融业务的可持续的能力。

建立和提高金融服务供应商的普惠金融能力，在微观层面上关系到普惠金融业务的持续经营和普惠金融服务的质量与效率，在宏观层面上关系到整个金融体系的层次性、有效性和稳定性，因此最终会关系到普惠金融能否在促进经济发展和社会改进方面发挥应有的作用。伴随着普惠金融的快速发展，普惠金融业务规模不断扩大，业务种类也不断多元化，提升普惠金融能力成为各类金融服务供应商面临的首要问题。

一、供应方普惠金融能力界定

普惠金融服务供应商的能力，是指提供“服务于社会各类人群（包含被传统金融体系排斥在外的群体）的正规而负责任的金融服务”的能力，归纳起来，应包含如下要素。

（一）有能力为普惠金融服务对象提供合适的、负责任的金融服务

“合适”是指各类供应商提供的普惠金融服务应当和服务对象相匹配。一方面，普惠金融要契合消费者的需求。各类社会人群（包含被传统金融体系排斥在外的群体）的金融需求各不相同，因此普惠金融服务并不是价格越低越好，也不是金额越大越好，只有符合需求的普惠金融才是好的普惠金融。另一方面，普惠金融要遵循消费者适当性原则，金融产品和服务应当同消费者的风险承受能力和财务能力一致，超出消费者能力的普惠金融对于普惠金融的提供者和消费者双方都是有害的。特别需要指出的是，贫困人群和被传统金融体系排斥在外的人群接受金融

服务的机会本来就非常有限，合适的普惠金融服务往往能改变他们的生活轨迹和经济状况，而不适当的金融服务却有可能将他们带入“过度借贷”“越贷越贫”的境地。

“负责任”是指各类供应商应当采取负责任的方式来开展普惠金融业务，有效地保护服务对象的权益。“负责任”的最低层次要求是所提供的普惠金融服务至少不会对金融消费者有消极的作用。而更高层次的要求包括提高普惠金融服务对象特别是贫困人群应对各类意外的能力，帮助他们构建资产、管理现金流和提升收入；保护普惠金融服务对象，特别是那些受教育水平低、金融经验匮乏、知识水平不足、经济实力弱、抗风险能力差的人群，将消费者保护贯穿到整个经营活动的全流程；公平地对待各类普惠金融服务对象，满足其合理的融资需求，订立清晰和公平的合约，并采用公平的方式解决争议；在开展普惠金融业务中考虑到服务社会、环境保护和政府治理，并将其纳入投资决策体系中去；提升普惠金融业务在各个方面的透明度，既包括产品和服务对消费者的透明度，也包括对社会公众和监管机构的透明度；普及金融知识，倡导良好的理财习惯和金融观念，使得社会各类群体了解普惠金融理念；处理好普惠金融服务商业可持续性和公益性之间的关系。

（二）有能力维持普惠金融业务的可持续性

普惠金融业务的可持续性包含成本收入的可持续性、业务管理的可持续性和资金来源的可持续性。

成本收入的可持续性就是普惠金融业务的收入能够覆盖成本和费

用。普惠金融的重要特点就是单笔业务金额小，平均业务成本高，运营支出比例大，因此普惠金融服务的价格往往要足够高才能实现对成本的覆盖。基于普惠金融的这些特点，普惠金融服务的价格（如小额信贷的利率）和传统的金融服务实际上没有太多可比性，并不存在绝对的高或低。如果在某一个价格水平上，普惠金融服务的需求者愿意接受这个价格，并能够利用所获得的金融服务来创造高于这个价格的收益，普惠金融服务的供给者能够覆盖其成本并能持续经营下去，那么这个价格就是合适的，是对需求者和供给者都有利的。

业务管理的可持续性是指能够采用行之有效的业务模式和经营策略，管理好经营普惠金融业务中的各种内外部风险，并能确保金融资产质量在静态上处于良好状态，在动态上保持稳定趋势。这需要建立起商业化的经营模式和严格的经营管理制度，在管理上构建起公司治理结构、内部控制机制、风险评估和处置机制，在业务上采用有效的履约激励和惩罚机制，以及恰当的金融服务模式。普惠金融的业务管理不能照搬传统金融，而是应当考虑到普惠金融在经营目的、服务对象、经营模式等方面的独特之处。特别需要指出的是，金融本质上是经营风险的行业，普惠金融也是如此，并且普惠金融的特点决定了其风险特征还会异于传统的金融业，普惠金融服务供应商的风险控制就显得更加重要，因此风险管理的可持续性是普惠金融业务的基石。

资金来源的可持续性是指能够获得充足的资金来持续性地支持业务的开展。按照性质的不同，可以将普惠金融业务的资金来源分为外源性融资和内源性融资。外源性融资包括股权融资、债务融资和捐赠补助；内源性融资主要是由经营利润留存转化而来。不同的普惠金融服务供应商根据经营目标、机构属性、法律法规、监管要求和所处环境等因素的不同，在融资结构上往往也不尽相同，但无论选择哪种融资结构，都必须能够支持正常的经营活动，能够满足扩大业务规模的需要，以及能够应对风险事件和临时的流动性需求。随着普惠金融业务的发展，融资结构也应当作出动态调整。

（三）有能力构建相适应的治理结构和业务管理体系

为了提供合适的、负责任普惠金融服务，以及保持普惠金融业务的可持续，各类普惠金融服务供应商都需要构建起一套旨在提升普惠金融能力的治理结构和业务管理体系。比认识到普惠金融业务“应该怎么去经营”更重要的是有一套机制把这些认识贯彻到日常经营管理中，并确保在业务不断发展时不偏离既定的方向。

从具体业务上来说，尽量确保每一笔普惠金融业务都是合适的、负责任的，并具备可持续性，这样金融服务供应商才能够形成并维持稳定的普惠金融能力。而从更大的视角上来说，普惠金融服务供应商可能会有两种倾向：一个是“使命漂移”（mission drifting），即偏离普惠性的目标，只追求利润最大化；另一个是“福利主义”，把普惠金融等同于扶贫，既不重视普惠金融应当有的商业原则，也不重视运营的效率和效果，更没有从长远发展的角度来考虑普惠金融能否对其服务对象和社会有积极的作用，简单地把资金（特别是捐助或补助的资金）“花完了事”，这种情况多见于一些政府性、公益性的专门性普惠金融供应商。前者主要会导致金融服务普惠性的削弱，后者可能会导致金融服务缺乏经济效率，浪费宝贵金融资源，也不利于普惠金融业务持续稳定地经营

下去。两种倾向都违背了普惠金融的应有之义，是普惠金融能力建设的误区。

二、供应方普惠金融能力建设

构建旨在提升普惠金融能力的治理结构和业务管理体系，既是保障普惠金融业务能够不偏离普惠性的手段，同时也是普惠金融服务供应商能力建设的具体措施。

（一）构建适合的治理结构体系

广义的治理结构体系涵盖经营主体与所有利益相关方的关系安排。其中，投资者结构和机构治理往往是治理结构体系的核心内容。在治理结构体系的构建问题上，遵循现代企业通常做法的同时，普惠金融服务供应商还要考虑治理结构体系如何与发展普惠金融相适应。

1. 合理的投资者结构

投资者结构的多元化是普惠金融的发展趋势，投资者结构的不同也会显著地影响到普惠金融服务供应商的性质。

普惠金融服务供应商的持续经营和发展需要稳定的资金来源。早期普惠金融实践失败的重要原因之一就是随着捐赠或补助的停止，公益性普惠金融服务供应商资金来源中断，导致业务无以为继。与带有公益或捐赠性质的投资相比，股东的商业化投资带来的资金量通常更大，也更具备可持续性。除了提供资金，商业化投资通常还可以帮助普惠金融服务供应商在公司治理、战略规划、机构文化、技术水平等方面进行改进和提升，以及协助建立合作关系和外部网络。

投资者的性质、投资目的、要求回报、投资期限、退出策略、社会责任感各不相同，因此对普惠金融服务供应商的治理结构和经营理念带来的影响也不尽相同。特别是和单纯逐利的商业机构相比，普惠金融具有的普惠性可能会和商业化投资者的想法和要求产生矛盾，从而导致管理和经营上的各种问题，突出表现就是上文中提到的“使命漂移”。因此，普惠金融服务供应商和投资者之间实际上是一种“双向选择”的关系：投资者要认可普惠金融服务供应商，普惠金融服务供应商也要认可投资者；在引入投资者的过程中，应当有一套机制来甄选合适的、认可普惠金融理念的投资者。

2. 有效的机构治理

机构治理是指从机构的股东到具体经营管理的、包含组织架构和管理流程在内的委托代理体系。有效的机构治理关系到机构能否提供合适的、负责任的普惠金融服务，以及维持经营上的可持续性；有效的机构治理可以确保股东层面上制定的总体发展战略得以实施，提升业务经营、风险管理和既定战略的一致性。尤其是在普惠金融投资者数量不断增加、类型趋于多元化的情况下，普惠金融服务供应商机构治理的有效性还需要考虑以下两个方面：一方面，治理结构要能够代表和协调各类投资者的利益诉求，维持机构治理的稳定；另一方面，治理结构要有利于克服“福利主义”和“使命漂移”两个极端情况，在股东层面上形成正确的普惠金融发展理念。

普惠金融服务供应商的机构治理应当遵循现代企业制度的通常做法，确保所有权、经营权和监督权都能够正常行使。此外，普惠金融服务供应商在构建机构治理时应当额外考虑以下两点：

第一，重视提高投资者和股东代表的普惠金融理念水平。代表股东行使股东权力的机构，例如股东会、董事会或其他类似的代表机构，负责制定普惠金融服务供应商的经营目标和战略规划，如果在这个源头上出现了偏离，那么具体的业务经营就一定会偏离既定的普惠金融目标。因此，股东会、董事会的成员或其他形式的股东代表，需要对普惠金融服务供应商的使命有清晰的认识，能够了解最新的普惠金融发展趋势，确保各项决策符合发展普惠金融这一目的。特别是在引入各类不具备普惠金融经验的投资者后，股东代表们作出短视决策或发生“使命漂移”的可能性会更大，因此，需要有相应的措施来提高各类投资者及股东代表的普惠金融理念水平；如果有必要，可以建立相关制度来给投资者及股东会、董事会等代表机构设立“门槛”，限制引入不具备普惠金融理念的投资者。

第二，制定合适的经营业绩指标。股东会、董事会或其类似的代表机构负责制定管理层的经营业绩目标并加以考核。普惠金融服务供应商一方面要提供合适的、负责任的普惠金融服务，另一方面也要维持经营上的可持续性——如果业绩指标制定得过高，可能会削弱“普惠性”；如果业绩指标制定得过低，可能会削弱“可持续性”。因而，制定合适的业绩指标就显得尤为重要。此外，业绩指标应当设计得更有目的性一些，比如，包括体现普惠性和社会责任的具体指标，以保持管理层的业务经营管理措施和发展普惠金融的目标之间的一致。

3. 良好的机构文化

首先，普惠金融服务供应商需要在履行社会责任和实现商业可持续之间找到平衡，这就要求股东、管理层和员工一起形成正确的普惠金融文化和共同价值观并落实到经营中。

其次，随着普惠金融的发展，普惠金融的投资者也日益多元化，需要良好的机构文化来凝聚共识，消解矛盾。

再次，很多原来纯公益的普惠金融服务供应商面临向商业可持续转型，非正规或半正规的普惠金融服务供应商面临向正规机构转型（如合作社向银行转型、慈善性社会团体向公司转型等），在这个过程中，股东、管理层和员工都需要理解转型的必要性，支持并配合转型的过程，这就需要有与时俱进的机构文化和共同的使命感。

最后，由于普惠金融服务对象的特点，消费者保护成为需要格外重视的问题，良好的机构文化有利于普惠金融服务供应商及其成员树立责任感和加强对消费者的保护。

培养普惠金融服务供应商的良好文化，既需要像一般企业那样强调协同合作、努力认真、创新进取等内容，也需要像传统金融机构那样体现对合规文化和风控文化的重视，还需要加入与发展普惠金融相适应的内容。

（二）构建适合的业务管理体系

通过构建业务管理体系，普惠金融服务供应商将经营目的与战略规划转化为实际的普惠金融服务。在这一过程中，一方面普惠金融服务供应商要保持经营的可持续，具体包括成本收入、业务管理和资金来源的可持续；另一方面产品和服务也要保证合适和负责任。

合适的业务管理体系需要在实现经营目的的前提下协调利益相关方的需求。普惠金融服务供应商具有多元化的利益相关方，不仅包括各类

投资者和服务对象，还包括管理层和员工、监管机构、政府和公共部门、各种形式的债权人等，并且由于普惠金融产品和服务的“普惠性”和正外部性，可能潜在的利益相关方会更多。

合适的业务管理体系应当具备以下特点。

1. 平衡性

普惠金融业务管理体系的平衡性主要体现在以下四个方面。

首先，要平衡好各利益相关方的诉求。各类投资者希望普惠金融的具体业务能够贯彻其不同投资目的；服务对象希望普惠金融产品和服务能够满足自己的需求；管理层和员工希望能够获得经济来源和成就感；监管机构希望业务经营能够加强风险管理，做到稳定、合规；政府和公共部门希望普惠金融业务能够体现政策意图和政策导向，助力于解决各类社会问题；各种形式的债权人（包括各类融资人和银行类机构存款人）希望普惠金融服务供应商能够维持偿付能力；整个社会希望普惠金融业务能够有利于实现经济发展和社会改进。这些利益相关方的诉求都需要在设计业务经营管理体系时加以考虑。

其次，要平衡好公益性和可持续性的关系。普惠金融服务供应商的股东和管理层对于公益性和可持续性的认识需要通过一套有效的业务管理体系加以落实；通过合理和精巧的制度设计使得业务经营尽可能平衡好公益性和可持续性。

再次，要平衡好风险和收益的关系。服务对象、业务模式、经济和社会环境、地域等因素都会给普惠金融带来有别于传统金融行业的风险特点。例如，经营信用中介业务的普惠金融服务供应商，如小额贷款机构等，通常会面临由于信贷基础资料的匮乏和抵押品的缺失而带来的风险。再如，经营数字化普惠金融业务，与业务模式、技术应用和操作相关的风险就比较大。因此，业务要开展，风险也要把控，能够平衡好这两者关系并通过业务管理体系贯彻到日常经营管理中，才能保持业务经营的稳定。

最后，要平衡好合规和创新的关系。普惠金融本身是金融理念创新的产物；普惠金融业务也是创新的活跃地带，但也存在概念炒作、规避监管、盲目扩张等一系列问题，导致了监管部门的处罚或关注。普惠金融强调社会责任，合规也是普惠金融服务供应商应尽的社会责任；普惠金融服务供应商应当更加注意内外部的合规问题。业务管理体系应当既能体现对合规问题的重视，同时又能鼓励在合规的基础上的创新。

2. 适当性

普惠金融业务管理体系的适当性指的是管理体系要与所经营的业务相适应，要与自身的能力和经营目标相适应，要与社会经济环境和监管制度等外部因素相适应。简而言之，就是让专业的普惠金融服务供应商做专业的事情。各类金融服务供应商的目标和宗旨、过往经验、经济和社会资源、所处地域、专注领域、管理能力等方面存在差异，并不是所有的金融机构都能做好普惠金融，也并不是所有的普惠金融服务供应商都能做好某一类普惠金融业务。

3. 前瞻性

普惠金融业务管理体系的前瞻性指的是管理体系要具备适应性（adaptation）和兼容性（compatibility）。随着普惠金融业务不断发展壮大，普惠金融服务供应商面临的内外部条件以及业务的影响因素都会发生改变，这就要求在动态的机构发展和业务发展中都能够保持经营管理

的有效、高效，业务管理体系要具备前瞻性。当然，业务管理体系本身也需要不断修正和革新以适应不断发展的业务需求。例如，采用现代化的管理理念进行流程改进，采用信息化的管理模式进行效率提升，采用新的管理思路进行制度设计等。

4. 处理好发展和转型的问题

普惠金融服务供应商的能力还体现在是否有能力应对发展和转型中出现的各种问题，是否有能力在机构治理和业务管理层面上作出相应安排，从而是否有能力在发展和转型中提供合适的、负责任的普惠金融服务以及保持普惠金融业务的可持续。

普惠金融的发展历程是自我革新的过程。自从普惠金融的概念提出以来，对普惠金融的认识就不断深化，普惠金融的实践也逐渐走向成熟。普惠金融从纯公益转向商业上的可持续，从早期的小额信贷业务转向各类具备普惠性的金融服务；在这一过程中，与互联网、大数据和数字化技术相关联的新科技手段、经营理念和业务模式不断得到运用。因此，在变革与发展的时代，各类普惠金融服务供应商要能够顺应普惠金融发展的潮流。

普惠金融服务供应商还有可能面临着转型问题。例如，部分提供普惠金融服务的非政府组织（NGO）、互助性信用合作组织、普通企业等面临向持牌金融机构的转型；部分只发放贷款的小额信贷机构或只吸收存款的小额储蓄机构面临向银行类金融机构的转型；部分经营传统线下业务的普惠金融服务供应商面临向线上经营的转型；部分拟上市的普惠金融服务供应商面临向公众企业的转型；等等。在普惠金融服务供应商的转型过程中，需要处理好相关的战略规划、资源调配和实施转型等工作，构建起能够与转型相适应的机构治理体系和业务管理体系。

（三）业务模式和风险管理

普惠金融服务对象包含贫困或低收入人群，他们抗风险能力较差，金融经验也匮乏，因此，选择适合的业务模式并进行合理的风险管理，既是普惠金融服务供应商本身实现持续经营的必要条件，也是对服务对象的负责。

1. 信贷类普惠金融业务的业务模式和风险管理

对于信贷类普惠金融业务，应考虑到小额信贷等业务和传统信贷的差异，采取专门的、符合信贷类普惠金融特点的业务模式和风险管理模式。传统信贷重视财务信息及其他基础资料的完整性和准确性，通常还要求提供抵质押或担保，而个人和小企业通常不具备这两个关键的信贷条件。如果面向个人和小企业的信贷类普惠金融完全照搬传统信贷的做法，有可能会造成业务难以开展、信贷成本和运营成本上升、经营效率下降；即使能获得抵质押或担保，其风险缓释效果往往也不好——这对信贷类普惠金融服务供应商和服务对象可能都不是合意的。

从业务模式上来看，目前比较成功的信贷类普惠金融业务实践能够充分考虑到服务对象的特点，并采用机制上的设计来弥补服务对象的财务信息和风险缓释措施的不足。例如，采用联保信贷或小组信贷的方式，通过小群体的互相督促来促进贷款的合理使用并激励按期还款；采用“村行”和社区银行的方式，通过本地化或引入熟悉服务对象情况的知情者来了解更多信息并进行信贷监督；采用与小额保险相结合或引入专门的小额担保机构的方式，通过外部机构来规避一部分信用风险；

采用信贷金额和期限与还款情况挂钩的方式，通过激励制度的设计来提高还款意愿等。为了弥补信息不对称导致的额外贷前调查成本和额外信用风险，以及弥补单笔信贷的高平均运营成本，通常信贷类普惠金融业务的利率会比传统信贷更高，这样才能维持整体的业务可持续。

从风险管理上来看，信贷类普惠金融业务的风险管理思路与传统信贷有相同点，例如，统一的贷前审查、贷中管理和贷后清收对于信贷类普惠金融业务是必不可少的环节，不能被忽略；流动性风险、合规风险、操作风险等的防范也是风险管理的重点。不同点主要体现在两个方面：一方面，发放信贷的过程通常也是进一步获取信息的过程。在控制信贷期限的前提下进行信贷的发放和回收，使得金融服务供应商和服务对象建立并巩固业务联系和信息联系；通过贷款的归还情况来评估服务对象的还款能力和还款意愿，并注重构建起良性循环。另一方面，重视培养和激发服务对象的还款意愿。信贷类普惠金融业务的服务对象是个人或小企业，与传统信贷相比，会更多地体现“人”的因素，因而在信用风险管理措施上也会更多地考虑这一点。

2. 非信贷类普惠金融业务的业务模式和风险管理

非信贷类普惠金融业务的业务模式往往多种多样，并且很多新型的普惠金融业务更多地采用了与数字化、互联网等新技术相联系的新模式，普惠金融的内涵和形式得到了极大的拓展。对于非信贷类的普惠金融业务，在业务模式上要注重体现适当性原则，即根据业务的性质、内容和特点来评估业务的适当性，划定服务对象的范围，使合适的人群接受合适的普惠金融服务。而在风险管理上，要注意非信贷类普惠金融业务相关的法律合规风险、操作风险和声誉风险；特别是在互联网和数字化背景下发展普惠金融，普惠金融服务对象的范围越来越广，社会影响也越来越大，贯彻落实金融消费者保护成为各类普惠金融服务供应商需要面对的重要课题。

三、新型供应商提高普惠金融整体服务能力

在我国正规金融体系金融包容性不足的情况下，大量金融需求难以得到满足，正是正规金融服务的薄弱之处给新型金融机构带来了创新的动力。随着我国经济转型和产业升级的不断推进，多种经济主体对于资金的需求越来越趋于多元化。此外，新型金融机构的快速发展还得益于数字信息技术的快速发展和广泛应用，互联网和手机的普及、数据搜索和云计算等技术的发展、金融与互联网机构的技术平台的革新等，为新型金融机构的发展提供了有力的技术保障和越来越多的客户资源。

（一）新型金融机构为什么能提高普惠金融整体服务能力

1. 促进信息产出，有效解决信息不对称

新型金融机构利用互联网收集信息和处理信息，部分地解决了金融服务供需双方的信息不对称问题。

信息可以分为交易前信息和交易后信息，新型金融机构和传统金融机构无论是在交易前信息的对称程度还是在交易后信息的对称程度上都有较大差别。

对交易前信息来说，新型金融机构利用自身的信息收集和处理优势，高效地分析借款人的特征，很好地解决了这一问题。通过互联网平台所积累的各种交易信息和行为信息，互联网融资模式有效地对优质客

户进行了筛选，通过模型运算，设计了对个人的信用体系，降低了贷前不确定性的影响。一些小额贷款者虽然无抵押、无担保，但凭借良好的信用记录也能得到贷款。例如，阿里小贷根据商户的发货、成交记录给予一定额度的贷款权限；拍拍贷网站根据借贷次数和偿还率对用户进行评级，每级设置不同的借款利率，将信誉良好的客户划入安全标专区等。

对交易后信息来说，新型金融机构的出现有效地缓解了小额贷款者在贷款使用过程中的道德风险问题。基于互联网信息技术低成本记录的特性，以交易记录为代表的信用评价基础信息对新型金融机构客户而言至关重要，因为其他参与者经常通过这种公开的信用记录来决定是否与其交易。这种信誉机制形成了一套特有的市场纪律，如果借款人不能及时还款，那么借款人的形象就会受损，信用等级就会大打折扣，下次借款的时候就会被提高借款成本。例如，淘宝网上的卖家都会附带相应的成交和信用记录；拍拍贷网站会将未按时还款的借款人拖入黑名单，降低其信用等级。在虚拟的网络世界，这些信用记录都是极有价值的资源。

2. 降低固定成本和转换成本

相比于传统的融资模式，新型金融机构在运营上降低了固定成本和转换成本。

首先，从固定成本来看，新型金融机构产品一旦开发出来，其边际成本接近于零，并且不会随着经济规模的扩张而上升。这种成本结构产生了巨大的规模经济，生产得越多，生产的平均成本就越低。新型金融机构提供服务不受空间限制，无须为扩大网点而租赁办公场地、购置设备，只要在互联网上设立服务平台即能满足客户需求。

其次，从转换成本来看，新型金融机构产品的交易和发布是依靠互联网这个平台进行的，通过对用户的年龄、性别、收入等不同属性进行分析，可以更为精确地投放广告，并根据用户的不同特点进行跟踪分析，以便对广告效果作出更准确的评价。同时，还可以使网络营销做到精确定位，将更多的互联网用户变为实际用户，在很大程度上拓展了新型金融机构的用户群体。互联网信息技术的发展使产品信息可以在互联网用户之间做到瞬间传递，时间成本趋近于零。新型金融机构节约了营销成本和风险管理成本，从而降低了转换成本，企业使用网络推广，使销售信息在用户之间以极其低廉的成本传播，比起传统的营销媒介如报纸、广告，成本要低廉得多。

3. 强化网络外部性

网络外部性遵循梅特卡夫原则，即网络的节点在按照算术级增长时，网络的价值会以几何级的方式增长。网络中用户的效用会随用户数的增加而呈指数增长。图 5－1 表示，当网络用户有 2 个时，每个用户

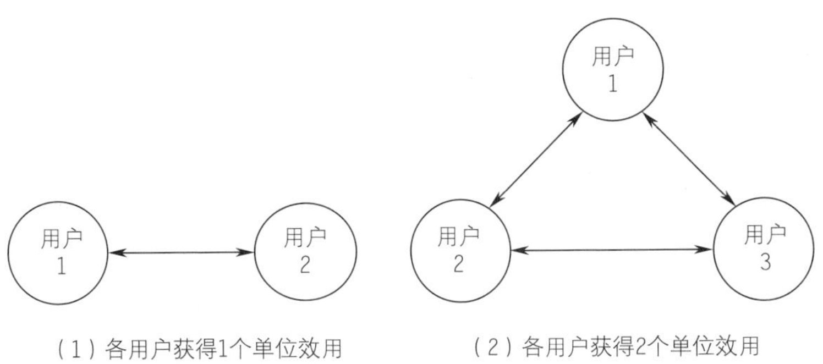

图 5－1 用户效用变化趋势

得到1个单位效用；而当网络用户有3个时，每个用户则得到2个单位效用。依此类推，当网络中存在 n 个用户时，每个用户得到的效用为 $n-1$ 个单位。

互联网的外部效应十分明显。以P2P网贷为例，在P2P网贷平台上，新增加一个用户A，A在加入平台时要与借贷平台签订入网协议，规定各自的义务和权利，但这个协议只涉及用户和平台双方，双方以外的人都属于“外部”。用户B是网贷平台上的老用户，他虽然没有与A单独签订双方协议，但B可以与A进行资金借贷与结算，用户B因为用户A的加入而得到更高的效用。依此类推，加入平台的用户越多，每个单独用户的效用就越高，这就是新型金融机构的网络外部性。

信息的传递是金融的重要一环，能够对其他变量进行整合，其作用远远大于其他变量。网络的外部性使得信息能够在网络上的任意两个端点之间传递，使得网络价值能随着节点的增长而呈几何级增长（见图5－2），强化了新型金融机构的规模经济。网络外部性对于新型金融机构规模经济的强化还在于网络中心对于各个网络节点的中心控制作用，网络中心对各个节点的信息进行综合和处理，使其效益极大化。在网络的外部性发挥作用时，信息在其中的地位和作用越强，这种外部性能够

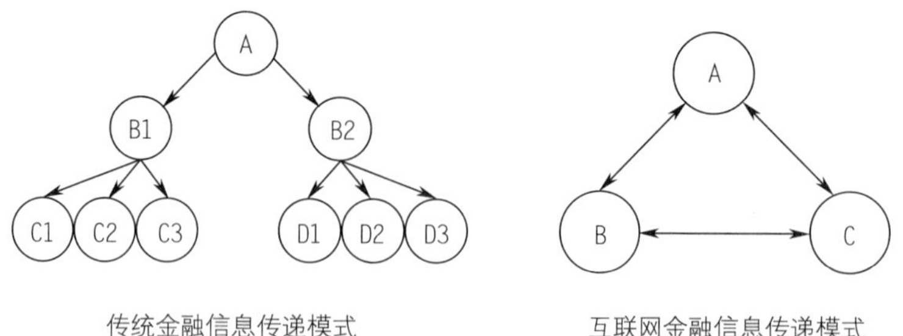

图5－2　传统金融与互联网金融信息传递模式差异

发挥的作用就越明显，因为此时传导机制对于链式反应的放大功能越强。新型金融机构平台作为一种金融中介，有一个重要的作用就是能够生产信息，解决市场中的信息不对称问题，信息在金融中介中的重要作用使得网络外部性对这一领域的强化作用相比其他领域更甚。

（二）新型金融机构如何提升普惠金融能力：中国路径与运行机理

1. 金融产品层面：新型金融机构扩展金融服务

（1）数字技术助力新型金融机构丰富普惠金融产品体系。以大数据、云计算为代表的互联网技术的发展大大加速了金融业的创新步伐，依托海量用户数据，结合地方特色、产业特色和用户特色逐步、深度挖掘用户需求，丰富了金融的业务品类与服务内容，为用户提供更加便捷、个性化和多元化的金融服务，呈现出支付方式多元化、信贷业务便利化和理财业务大众化的特点。

一是支付方式多元化。随着数字技术的不断发展，POS 机支付、短信支付、网络支付、移动终端支付等支付方式陆续出现，互联网的普及使得这些支付方式也得到广泛使用。当前，我国网民常用的支付方式包括预付卡支付、微信支付、手机银行支付、POS 机支付、网上银行、第三方移动支付和第三方互联网支付。截至 2015 年，我国网民使用第三方互联网支付的比例已达到 62%。伴随互联网在农村的普及度逐步提高，第三方支付和网银支付下沉到了农村。

二是信贷业务便利化。互联网技术的发展也促进了信贷业务的便利化，催生出以宜信为代表的个体网络借贷平台（P2P）和以蚂蚁小贷为

代表的小额贷款公司。宜信的宜人贷于2012年推出，截至2015年12月已积累用户170多万人，累计发放贷款近20亿元。截至2015年6月，蚂蚁微贷累计发放贷款4642亿元，贷款余额298亿元。此外，蚂蚁金服还依托海量互联网数据和大数据技术，推出芝麻征信产品，涵盖了个人网购信息、信用卡还款、互联网理财、租房信息、水电煤缴费、社交信息等方面，为过去有购物记录且信用良好的用户提供小额贷款业务，并在部分功能上实现了对信用卡的替代，用户可以在额度内免利率一个月预付购物款。与此同时，传统商业银行也增加了贷款业务的产品种类，满足用户多元化的借贷业务需求。

三是理财业务大众化。新型金融机构的快速发展使得理财业务产品也日益多元化。2013年余额宝的出现，开创大众“碎片化”理财的先河，随后网易“现金宝”、微信“理财通”、京东“小金库”以及其他一系列“宝宝类”理财产品不断推出，丰富了普通大众的理财产品选择，目前全国各种“宝宝类”产品的总量也已经超过1万亿元。与此同时，银行也积极推出面向中小客户群体的银行理财产品以应对新型金融机构理财产品的冲击，使得大众理财产品体系不断丰富与完善。

（2）降低了金融门槛，扩大普惠金融服务范围。

一是推动解决中小企业融资难题。近年来，新型金融机构基于数字技术和信用评估技术创新，大大提高了放款速度，扩展了服务对象范围，提高了中小企业金融服务可触达性。

二是扩展金融服务边界，促进农村金融发展。农村金融一直是我国金融体系中的薄弱环节。近年来，电子商务在农村得到快速发展，数字技术基础设施和通过互联网技术在电商平台上积淀的海量数据为农村数字化普惠金融的发展提供了条件。人民银行从2012年起逐步在全国20个省推动农村地区手机支付的试点，并在2013年主导建成了移动金融安全可信公共服务平台，为农村地区开展基于移动端的普惠金融的发展提供重要基础支撑。新型金融机构在农村业务的布局使得越来越多的农民享受到金融服务，互联网支付业务、互联网保险业务、产业链金融服务等针对“三农”的金融业务大大满足了农村的金融需求。

2. 金融行业层面：新型金融机构重构金融产业格局

（1）倒逼传统金融业转型升级。数字信息技术的发展为新型金融机构进入金融领域提供了可能和强大的动力，这些机构的出现及在金融领域的业务创新推动传统金融机构加快业务创新、转型的压力与步伐。例如，支付宝、余额宝等“宝宝类”理财产品及其他新型金融机构产品由于具有更高的便捷性、灵活性、低门槛性和相对高收益性，迅速在普通民众中间蔓延。相应地，银行活期存款锐减，传统盈利模式受到严重挑战，不得不更加重视转型升级。

（2）改变原有金融业态。传统金融模式下，信息存在极大的不对称性，资金需求者往往是服务的被动接受者，而且受限于服务产品种类难以满足用户多元化的金融需求。数字技术在金融领域的应用具有天然的平台经济性质，特别是依托互联网技术及网民基础，搭建起数字化金融平台对资源进行整合实现了用户数据和金融资源的有效、充分链接，从而搭建一个透明、高效、便捷的金融交易通道。

3. 金融改革层面：新型金融机构推动利率市场化和数字货币发展

（1）加速利率市场化。数字技术的发展特别是新型金融机构的兴起打破了银行在存贷款业务中占绝对优势的局面，加速了金融机构间的

竞争。以各类货币基金、各类网络贷款为代表的新兴业态对传统金融机构的存贷款业务产生了分流，尤其是货币基金对银行业活期存款带来了强烈冲击。2015 年，中国人民银行放开了存款利率的上限，不可否认新型金融机构在这一过程中起到了一定的助推作用。

（2）促进数字货币的发展。在支付领域，居民的支付方式越来越呈现终端化和数字化的特点，数字化货币成为必要的支付方式。依托电子银行和第三方支付平台，用户可以更便捷地进行商场支付、城市服务（如电费、水费、燃气费等）缴费功能、转账功能、理财功能等。但电子银行和第三方互联网支付只是电子支付方式，其对应的仍是纸币。随着数字化进程的推进，比特币等虚拟货币及其背后依托的区块链技术目前受到金融机构的普遍重视。2016 年，中国人民银行正式成立数字货币研究所，开展数字货币的技术研究和发展规划。依托于区块链等技术，未来数字货币可能将以更低的成本、更高的效率和更大的便利性而逐渐取代纸币。

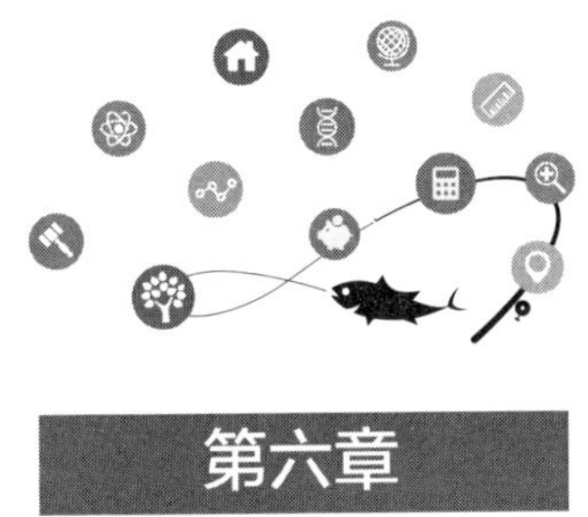

第六章

政府和监管机构能力建设

一、政府普惠金融能力界定

政府的普惠金融能力是指政府引导构建普惠金融体系，即构建服务于社会各类人群（包含被传统金融体系排斥在外的群体）的正规而负责任的金融服务体系的能力，其中包括引导能力和体系构建能力。

（一）政府对普惠金融发展的引导能力

在推动普惠金融发展的过程中，应当坚持“政府引导、市场主导”的基本原则。正确处理好政府和市场的关系，发挥好政府的引导作用，是构建和提升政府的普惠金融能力的前提条件。

相比起其他经济领域，普惠金融的特点决定了市场机制在其发展过程中更有可能“失灵”。首先，由于全社会都会从发展普惠金融中受益，即普惠金融具有非常强的正外部性，往往普惠金融的发展水平达不到整个社会要求的合意水平。其次，在普惠金融领域通常会存在严重的信息不对称情况。例如，由于金融知识、信用记录、基础信息的缺乏，财务报告、经营资料的不齐全，部分群体特别是贫困人群和中小企业可能不能获得适当的金融服务，从而会出现服务不足或者过度借贷的状况。再次，由于普惠金融服务对象的特点，促进消费者保护，尤其是对贫困人群的保护至关重要。最后，在培育和引导普惠金融经营机构、正确处理民间非正规金融、规范新型普惠金融业务、防范金融风险、促进普惠金融在各地区均衡发展等方面，市场能起到的作用是有限的。此外，从更宏观的视角上来看，政府有必要在普惠金融中融入自己的意图，使普惠金融成为经济发展和社会改进的推进器，并使普惠金融战略和政府的其他各类社会经济政策相协调。因此，政府的普惠金融能力应当集中体现为引导能力。

政府不能代替市场的主导性作用。市场在现代经济中起的作用不需多作论述；普惠金融的发展历程也是市场化的过程：从早期由政府和慈善组织补助的“扶贫”性普惠金融实践的失败，到商业化、可持续的普惠金融模式的成功，再到适应市场需求的、新型的普惠金融模式的快速兴起，这些都说明了市场应当在普惠金融发展中起到主导性作用。更何况，普惠金融具有影响面广、利益相关者众多的特点，只有市场才有这样的力量来动员各类经济主体参与到普惠金融中来，通过充分的磨合和竞争，发展高效、健康、可持续的普惠金融体系。

（二）政府构建普惠金融体系的能力

普惠金融是有机的体系。从参与者的角度来看，普惠金融体系包含提供普惠金融服务的金融机构及其投资者、员工，接受普惠金融服务的客户和他们的家庭，各级政府和普惠金融监管机构等；从业务范畴的角度来看，普惠金融包含所有的服务于社会各类人群（包含被传统金融体系排斥在外的群体）的正规而负责任的金融服务；从组成部分的角度来看，普惠金融体系涵盖与普惠金融相关的金融指标体系、征信体系、支付结算体系、机构体系、产品服务体系、法律法规体系、监管体系、金融教育体系、协调沟通体系等。在这样一个完整而有机统一的普惠金融体系中，各个构成要素或组成部分能够相辅相成、流畅运转，共同推动普惠金融的发展壮大，发挥在经济发展和社会改进方面的应有作用。

因此，政府的普惠金融能力是一种综合能力，政府应当统筹普惠金融发展的全局，以一种体系化的视角来制定发展普惠金融的战略和措施。简而言之，它应当包含以下几个方面的内涵：一是政府应有能力促进普惠金融的发展；二是政府应有能力应对普惠金融发展过程中的新变化；三是政府应有能力协调普惠金融的广泛利益相关者；四是政府应有能力将普惠金融的发展和经济社会发展协同起来。

二、政府普惠金融能力建设

构建政府普惠金融能力，指政府制定合适的普惠金融发展战略，并在实施普惠金融发展战略的过程中，根据其作为“引导者”的角色定位，重点提高其创新普惠金融监管、保护金融消费者权益、提升公民金融素养的能力。其逻辑关系可以简单如图 6 – 1 所示。

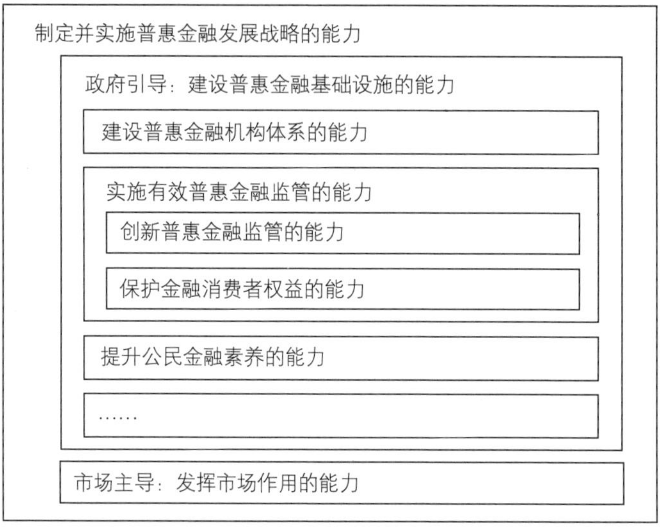

- 制定并实施普惠金融发展战略的能力
  - 政府引导：建设普惠金融基础设施的能力
    - 建设普惠金融机构体系的能力
    - 实施有效普惠金融监管的能力
      - 创新普惠金融监管的能力
      - 保护金融消费者权益的能力
    - 提升公民金融素养的能力
    - ……
  - 市场主导：发挥市场作用的能力

图 6－1　政府普惠金融能力框架

（一）政府制定并实施普惠金融发展战略的能力

2016 年 1 月 15 日，国务院印发了《推进普惠金融发展规划（2016—2020 年）》（以下简称《规划》），这是我国普惠金融发展进程上的一个里程碑事件。《规划》的出台，标志普惠金融已经被纳入了国家层面总体经济社会发展战略，对于未来我国普惠金融事业有着深远的意义。

《规划》是系统性的有机整体，其思路就是在综合平衡中全面发展普惠金融，以全局性的视角来全面考虑有关普惠金融的问题。《规划》条理清晰，逻辑完整，涉及面非常广泛，针对性和操作性强；从《规划》的提出、内容和措施到实施，形成了全面的系统，体现了决策部门对于如何发展普惠金融进行的深入研究，是未来指导我国政府部门和社会各界发展普惠金融的纲领性文件。五年规划总体结构如图 6－2 所示。

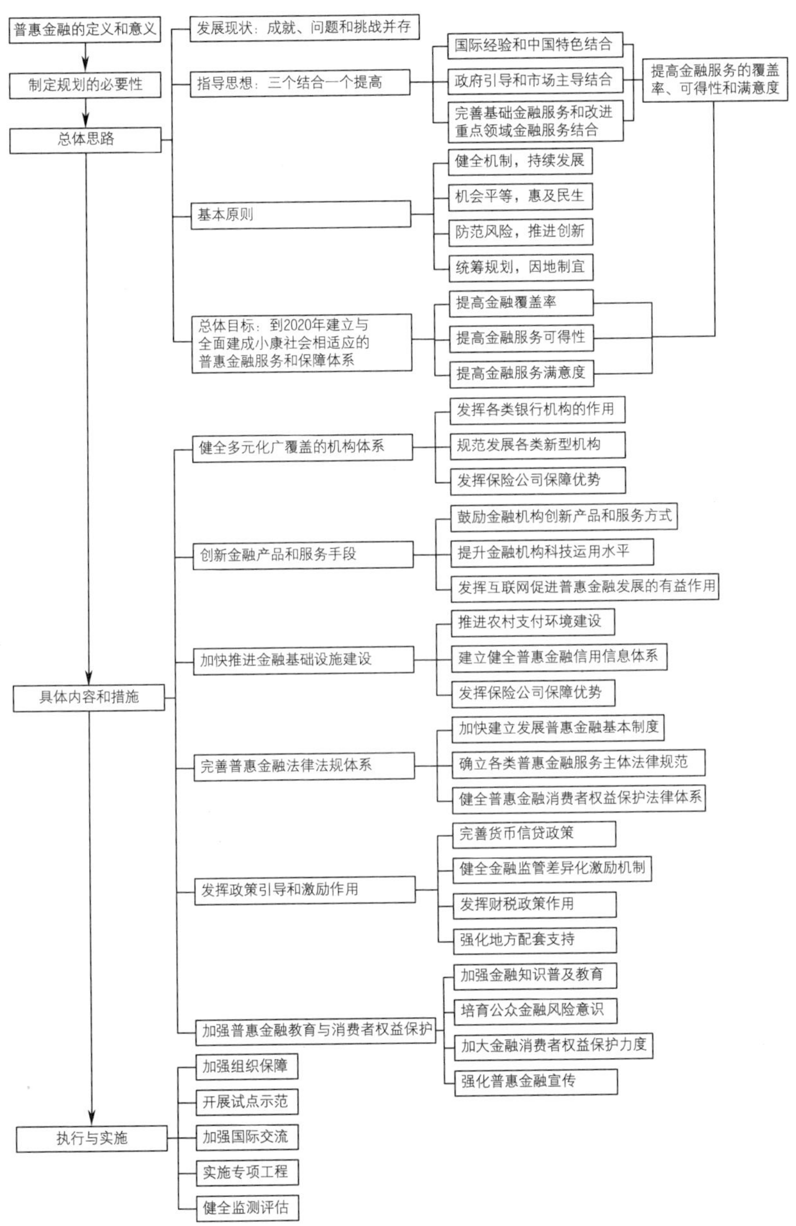

图 6－2 五年规划总体结构

（二）政府建设普惠金融基础设施的能力

制定和执行普惠金融发展战略时，政府应当把工作重心放在金融基础设施建设上。金融基础设施是指金融运行的硬件设施和制度安排，主要包括支付体系、法律环境、公司治理、会计准则、信用环境、反洗钱以及由金融监管、中央银行最后贷款人职能、投资者保护制度组成的金融安全网等。可以看出，金融基础设施是一个广义的概念，既包括有形的“硬件”，也包括无形的“软件”。本书着重介绍与普惠金融相关的指标体系、征信体系、支付体系、机构体系和监管体系等。

1. 指标体系

建立完善的普惠金融数据指标体系的意义在于：首先，要想制定有针对性的总体性战略和具体措施，就必须对于国内的普惠金融发展状况有清晰准确的认识，而传统的定性分析是不够的，需要分析大量的数据和指标。其次，在制定普惠金融发展目标的时候，按照国际主流做法，应当尽量设置量化的指标，使目标具有可衡量性，这就要求有对应的一套指标体系。再次，在实施相关战略和措施之后，必须对实施效果进行评价，并对战略和措施进行修正和改进，这也需要有完善的普惠金融数据指标体系作为依据。最后，体系化的数据指标有利于总结各国、各地区普惠金融的发展经验，进行国际间、地区间发展状况横向对比。因此，普惠金融数据指标体系贯穿普惠金融发展战略的始终，是重要的普惠金融基础设施。

2. 征信体系

信息不对称会带来风险，而在普惠金融领域信息不对称问题尤其突出。由于主客观因素的限制，往往一部分普惠金融服务对象特别是贫困人群和小微企业无法提供信用评估所需的基础资料或者文件证明；或者即使可以提供这些信息，单个金融机构也没有足够的能力去收集零散的信息并加以规模化运用。信息不对称的坏处在于：对于普惠金融服务的需求者来说，会导致要么金融服务需求不足，要么“过度负债”，并因金融服务价格高昂而增加其获得金融服务的难度；对于普惠金融的提供者来说，会导致信贷资产组合的整体质量恶化和运营费用增加；对于监管机构来说，会影响其对整体信贷质量进行的监管，加大防范系统性和非系统性金融风险的难度。因此，为了缓解和消除信息不对称而建设普惠金融征信体系，应当成为金融基础设施建设的重点。

3. 支付体系

支付和结算是金融体系的重要功能，也是普惠金融的重要组成部分。发展普惠性支付体系，提高支付体系的使用率，要从两个方面着手：一是要进一步完善和推广传统的、银行主导的支付结算；二是要积极发展创新的支付方式。支付结算体系是最具备普惠性的金融基础设施，可以从整体上降低交易成本，提高交易效率和交易安全性。支付结算体系影响面广、涉及人数多、和日常生活息息相关。确保各类支付结算机构和各自的支付结算系统安全稳健运行，协调好银行和第三方支付结算机构的关系，加强各类硬件设施的建设，应当成为我国普惠性支付体系建设的重点。

4. 机构体系

这里的机构体系是指，金融机构和非金融机构构成的体系。普惠金融的发展过程是多层次机构体系不断建立的过程。普惠性要求各类普惠

金融服务的提供者发挥比较优势，根据自身的特点，选择合适的经营范围和目标人群。观察国际上普惠金融发展水平较高的国家，其机构体系的最鲜明特点就是多层次、多样化。从参与的机构上来看，最初普惠金融只被视作公益性组织和小额贷款机构的专门领域，现在更多的商业银行、保险公司和其他传统金融机构加入发展普惠金融的队伍中来。这些传统金融机构或者成立专营普惠金融业务的子公司或下属部门，或者在原有业务范围里加强了普惠金融相关业务，推出一系列具有普惠性质的金融服务，这说明传统金融和普惠金融之间的界限已经开始模糊。除此之外，还兴起了一些以应用新技术、新模式为特点，主要使用互联网技术和数据分析技术的各类机构，涉及征信、支付、小企业投融资、小额资产管理等方面。总体来看，现在参与推动普惠金融的机构种类和数量更多，所提供的金融服务更广，既包括传统金融机构，也包括新型金融机构、各类非金融机构、非政府组织等。机构体系是金融服务的载体，推动建立多层次、多样化的机构体系是发展普惠金融、完善金融基础设施的重要举措。

5. 监管体系

普惠金融的快速发展给传统的监管体系带来了挑战，将普惠金融纳入监管体系之中并进行有针对性的有效监管，是构建金融基础设施“软件”的重要一环。对普惠金融进行监管时，要考虑以下因素：第一，普惠金融服务提供者本身的运营成本就很高，再去执行全部的、统一的金融监管规定就会增加巨大的成本，这些成本往往会被转嫁到消费者身上。第二，普惠金融服务的提供者往往具有分布分散、信息系统不发达、数量众多的特点，业务模式也和传统金融业务有差异，执行全部的、统一的金融监管规定也会给监管部门带来不菲的监管成本。第三，普惠金融服务的提供者一般规模相对较小，多数未达到有可能损害金融体系系统稳定性的规模。第四，普惠金融的客户，特别是低收入人群和处于偏远地区的人群，老人和妇女，往往抗风险能力较差，也不具备足够的金融知识，而普惠金融服务的提供者往往自身的业务水平不高、正规化程度不够、合规和风控能力差，在这种情况下，消费者保护就成为要格外强调的问题。第五，新的普惠金融形式，如包含互联网金融和移动金融在内的数字化普惠金融，其风险特征异于传统的金融业务，传统的监管体系和监管方式要作出相应修正。

结合图 6－1 中关于政府普惠金融能力的分析，政府建设普惠金融基础设施的能力重点应放在以下三个方面：创新普惠金融监管的能力、保护金融消费者权益的能力、提升公民金融素养的能力。

三、提高普惠金融监管能力

近年来，普惠金融伴随互联网、大数据、人工智能等技术革命在我国蓬勃兴起，对经济发展和社会进步发挥着越来越重要的作用。与此同时，大量涌现出来的新型普惠金融机构因边界模糊而缺乏对应的监管，使得金融市场乱象丛生，对金融监管部门的监管能力形成巨大挑战。

（一）国内普惠金融监管现状

1. 普惠金融监管的顶层设计和核心部门

在我国，普惠金融的监管主体较多，约由 20 家国务院组成部门或事业单位组成。它们包括行使普惠金融主要监管职能的“一行三会”，也有财政部、农业部、扶贫办、残联等相关部委或组织。其中，最重要的是中国人民银行和中国银监会。由于普惠金融的产品和服务具有多样性，中国金融监管体制又采取了分业监管模式，因此，普惠金融具体的监管主体分散于不同的政府机构及其下属部门（见图6－3）。

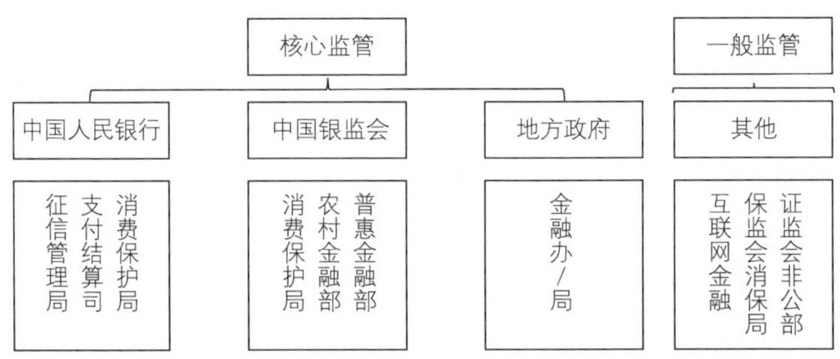

图6－3　我国普惠金融监管的组织体系

2. 金融科技领域的监管制度

由于金融科技是一个新兴领域，在一段时间内，国内的监管制度相对滞后。目前存在的以金融科技为支撑的互联网金融领域法规制度如表6－1所示。

表6－1　以金融科技为支撑的互联网金融领域法规制度

年份	监管主体	制度法规名称
2016	银监会、公安部	《电信网络新型违法犯罪案件冻结资金返还若干规定》
2016	证监会等十五部门	《股权众筹风险专项整治工作实施方案》
2016	保监会	《关于加强互联网平台保证保险业务管理的通知》
2016	银监会、公安部	《电信网络新型违法犯罪案件冻结资金返还若干规定》
2016	国务院	《P2P网络借贷风险专项整治工作实施方案》
2016	银监会	《网络借贷信息中介机构业务活动管理暂行办法》

续表

年份	监管主体	制度法规名称
2015	人民银行	《非银行支付机构网络支付业务管理办法》
2015	证监会	《关于对通过互联网开展股权融资活动的机构进行专项检查的通知》
2015	人民银行等十部委	《关于促进互联网金融健康发展的指导意见》
2015	保监会	《互联网保险业务监管暂行办法》
2013	保监会	《关于专业网络保险公司开业验收有关问题的通知》

下面将着重介绍对于网络第三方支付、P2P 网络借贷、互联网股权众筹这三种金融创新形式的相关监管制度。

（1）网络第三方支付监管。2015 年《关于促进互联网金融健康发展的指导意见》和《非银行支付机构网络支付业务管理办法》对网络第三方支付进行了界定，并将其纳入监管框架，主要监管主体为中国人民银行。我国网络第三方支付的监管核心思路，是在居民便捷使用该项技术时，能够同时确保自身信息和资金的安全性。安全性也正是普惠金融所强调的重要理念之一。具体监管措施涵盖以下五个方面：一是清晰界定支付机构定位。二是坚持支付账户实名制。要求网络第三方支付机构通过外部多渠道交叉验证识别客户身份信息。三是兼顾支付安全与效率。为此，《非银行支付机构网络支付业务管理办法》将个人支付账户分为三类：一类账户交易额相对低，强调操作快捷，验证强度和复杂性要求较低；二类和三类客户转账限额高，实名验证强度高，需要经过多层交叉验证，实现为信息和资金安全增加防护墙。四是突出对个人消费者合法权益的保护，健全客户损失赔付、差错争议处理等客户权益保障机制。五是实施分类监管推动创新。建立支付机构分类监管工作机制，

对支付机构及其相关业务实施差别化管理。

（2）P2P 网络借贷监管。P2P 网络借贷近几年在国内发展过快，金融风险不断暴露，因此成为金融科技领域监管的重中之重。《P2P 网络借贷风险专项整治工作实施方案》即在此背景下诞生。我国 P2P 网络借贷的具体监管目标有三个方面：一是支持合规网贷机构健康发展，整治和取缔违法违规的网贷机构；二是加强规范优化，扭转行业机构异化趋势，实现正本清源；三是建立长效规范机制，消除监管空白。《P2P 网络借贷风险专项整治工作实施方案》中，最重要的监管内容是建立了网络借贷监管的分类处置标准。一是网贷机构满足信息中介定性。二是业务符合直接借贷的标准。三是不得触及业务“红线”，包括设立资金池、自融、大规模线下营销、误导性宣传等。四是落实出借人及借款人资金第三方存管要求。五是要求网络借贷机构信息披露完整、客观、及时。

（3）互联网股权众筹监管。互联网股权众筹一度成为我国金融创新的一种重要形式。2014 年 11 月国务院常务会议、2015 年 3 月《政府工作报告》、2015 年 4 月《关于发展众创空间推进大众创新创业的指导意见》等均提出“开展股权众筹融资试点”或“开展互联网股权众筹融资试点”。2016 年 10 月，《股权众筹风险专项整治工作实施方案》进一步规范国内股权众筹市场，排查相关风险。目前，监管重点有以下几个方面：一是平台以“股权众筹”等名义从事股权融资业务；二是平台以“股权众筹”名义募集私募股权投资基金；三是擅自公开或者变相公开发行股票；四是平台虚假宣传，误导投资者；五是欺诈发行股票等金融产品；六是挪用或占用投资者资金；七是从事非法集资活动；八是持牌金融机构与互联网机构联合开展违法违规业务。

（二）提高对普惠金融创新进行监管的能力

监管部门可以从以下三个方面提升对普惠金融创新的监管能力：

一是规范新型金融机构管理。可以从事普惠金融服务的机构名目繁多，不同的普惠金融服务主体法律地位不同，经营方式差异甚大。对于传统机构中衍生出来的普惠金融服务部门，要考虑采用差异化的监管对策，实现主营业务和普惠金融业务一定程度的隔离和独立考核；对于新兴的机构，监管部门在金融牌照的审批发放上，在总体风险可控前提下，应持鼓励发展的态度，明确准入和退出的标准。目前，我国对新兴的普惠金融机构已经基本划定了监管主体，然而一些业务是跨不同领域的，风险能够在不同领域交叉传染，还应当防范可能出现的监管真空。

二是提高对普惠金融的业务组织方式、机制创新的监管适应性。监管部门一方面要制定相应的政策，鼓励各类金融机构在组织、机制等方面创新，增加普惠金融服务供给；另一方面又要守住风险底线，防止金融机构扭曲针对普惠金融业务的补贴、优惠政策，打着普惠金融的旗号从事名不副实和高风险的业务。

三是增强对普惠金融中新技术使用的监管适应性。近年来，普惠金融与数字技术结合，极大地拓宽了服务覆盖面。金融覆盖面提升的另一个后果就是一旦风险爆发，其传播速度会更快、影响范围更大、涉及主体更多，风险控制与处置更加困难。因此，针对数字普惠金融的监管问题，全球普惠金融合作伙伴组织（GPFI）曾建议，各国政府应为数字普惠金融提供恰当的法律和监管环境，允许尝试创新型的服务提供渠

道、产品、服务和商业模式，在试验性项目开展早期不需完全遵守所有的监管要求，但必须确保公平、均衡的监督机制，且满足与国际标准接轨的反洗钱/反恐融资的义务要求，并确保没有参与者在试点中获得不当的优势。

需要强调的是，加强对普惠金融中新技术应用的监管能力，应当首先提高监管部门对技术创新的认知水平。监管部门只有充分认识到新技术在普惠金融中的运作机理及其影响之后，才能够有效地制定监管标准和框架，与时俱进地调整法律监管政策，更好地实行综合监管与功能监管。从这个意义上讲，监管科技是应对金融科技的必要手段。

四、提高金融消费者权益保护能力

普惠金融的重点服务对象是被传统金融体系排斥在外的人，他们中很多人甚至有可能是第一次接触到金融服务，相比其他人群，不合适和不负责任的金融服务可能会给他们带来更大的伤害。因此，随着普惠金融的不断发展，提高政府和监管机构保护金融消费者权益的能力正成为越来越紧迫的议题。

实现对金融消费者的保护需要普惠金融服务供需双方的共同努力。金融消费者可能没有意识到他们有必要具备某种自我保护能力，而经营机构也不一定有动机去贯彻消费者保护——这种情况下就需要政府发挥作用。事实上，政府保护金融消费者权益的能力很大程度上决定了金融消费者保护能否真正得到落实。

（一）金融消费者的概念及内涵

中国人民银行于 2016 年 12 月 27 日印发的《中国人民银行金融消

费者权益保护实施办法》（以下简称《办法》）对于“金融消费者”的描述是“本办法所称金融消费者是指购买、使用金融机构提供的金融产品和服务的自然人”，同时《办法》第二条指出：“在中华人民共和国境内依法设立的为金融消费者提供金融产品和服务的银行业金融机构，提供跨市场、跨行业交叉性金融产品和服务的其他金融机构以及非银行支付机构（本办法统称金融机构）适用本办法。”

由于《办法》仅是一部部门规章，所以对金融机构的界定较窄，且明确提出金融消费者仅包括自然人。不过值得一提的是，我国普惠金融惠及的另一个主体——小微企业，而大多数的小微企业目前也是自然人企业，那么《办法》中虽然把金融消费者界定为自然人，但事实上已经把小微企业主包含在内了。

基于以上的分析，我们所探讨的金融消费者是指非商业、非职业、非营业目的而接受金融产品或服务提供商提供的金融产品或服务的自然人。只有明确金融消费者的概念与内涵，才能充分保障主体的权益。金融商品或服务的无形性、专业性及金融业的垄断性使得金融消费者在具备消费者基本属性的同时也有其特殊性。因此，界定“金融消费者”概念应注意两点：一是它属于消费者范畴，具有消费者的一般属性；二是消费行为发生在金融领域，又要考虑其特殊性。

（二）普惠金融发展下的我国金融消费者保护面临的新风险与新挑战

1. 监管和法律跟不上金融创新的步伐

我国从行业管理演变而来的传统银行监管目标，主要侧重于维护金

融体系的稳定，对消费者权益保护明显不足。2011 年才开始陆续在“一行三会”建立金融消费者权益保护机构，到目前也仅限于在“一行三会”的省级以上分行分部设有专门的金融消费者保护局。同时，我国至今仍未有专门的金融消费者权益保护的法律法规。因此，我国的金融消费者权益保护，无论是法规还是监管模式上都滞后于普惠金融的发展速度。

2. 金融技术环境的复杂性对金融利益相关群体专业水平的要求提高

数字技术在推动普惠金融发展的同时，也对金融消费者的互联网操作能力提出了要求，同时对监管人员的监管能力提出更高的要求，不仅要熟悉金融机构开发产品的意图，而且也可以通过互联网技术进行有效的监管。

3. 金融消费群体的金融知识与风险意识较弱加剧了金融体系的系统风险

“中小微弱”是普惠金融的重点服务对象，这类人群金融知识相对薄弱，金融经验不足，极易形成认识上和行为上的偏差，导致自身利益受到威胁，金融机构往往会利用金融消费者的认知偏差向其推销不适合的产品和服务，导致金融消费者风险承受能力被放大。

4. 金融消费群体的收入水平和知识水平的低下对金融产品的开发提出了更高的要求

普惠金融服务对象数量庞大，人均金融需求量又不大，这就要求金融产品开发要满足体量大、额度少、周期短、抗风险能力差的特点。同时，客户知识水平的低下与金融产品的专业性之间会存在较大的不协调，这就要求金融服务商在金融产品的披露上要尽量避免过多的专业术语，并主动为消费者普及更多的金融知识。

（三）关于提高金融消费者权益保护的建议

借鉴国外市场经验，结合我国现有的权益保护措施上的不足和市场出现的新的挑战，政府和监管部门可从以下几个方面提高金融消费者的权益保护能力。

1. 法制建设能力

一是开展涵盖所有金融领域的金融消费者权益保护的专门立法。有必要适时推出我国的《金融消费者权益保护法》，明确对金融消费者权益的保护并妥善解决目前各项法律法规中矛盾和重复的问题。

二是完善配套法律法规的建设。例如，应尽快出台《个人信息保密法》《数据保护法》《征信法》，明确个人金融信息的使用范围以及禁止使用的类型等；适时颁布《金融机构市场退出条例》，明确对金融消费者财产权的保护和限制范围，防范金融机构的道德风险等。

三是完善“一行三会”行业内金融消费者保护的专项规章。我国的《商业银行法》《保险法》《证券法》等金融法律虽然在其立法宗旨中写入了保护存款人、投资人等金融消费者利益的内容，但是真正规定消费者权利、具有可诉性和可操作性的民事规则在具体条文中十分少见。

2. 监管能力

一是建立以人民银行为核心、以部际联席会议为形式的金融监管协调机制，从而令各监管政策能够在跨界领域实现可落实、有监督。建议

在中国人民银行下设金融消费者保护协调办公室，负责事关全局的金融消费者保护事务；对于各个金融领域金融机构违反消费者保护的信息，建立数据库进行信息共享；建立完善的部门交流平台和信息共享平台，以交叉业务为契机，形成金融消费者保护的合力。

二是变被动、应对型监管为主动、干预式监管。这四类监管的干预度由弱到强，逐步递进。被动式监管更强调的是市场自我调节，主动式监管强调更多的是政府干预。

三是监管方法以原则监管为基础，辅以一定的规则监管。以原则为基础的监管的优点是灵活性强，但缺点是缺乏可预见性和确定性。以规则为基础的监管的优点是确定、明确、透明、更具操作性，但缺点在于复杂、难以理解、合规成本高、抑制创新、容易引发过多诉讼等。完全的原则监管或是完全的规则监管，执行起来都很困难，因此有必要采取原则监管辅以规则监管的方式，当然这其中关键在于监管机构的有效执行权的落实。

四是监管手段适应金融科技的发展走向 RegTech 时代。金融科技的发展以及互联网等各种高科技的手段，使得金融风险传播的速度加快、范围更广，采用 RegTech 来应对 FinTech 的发展是必然的趋势。

3. 纠纷解决能力

金融纠纷解决机制目前主要有两种：一是诉讼机制；二是非诉纠纷解决机制。目前我国金融纠纷的解决主要依赖于诉讼程序，呈现出比较单一的司法救济状态。随着法律知识的不断普及以及消费者自我保护意识的加强，这类诉讼案件急剧增加，而调解完全可以凭借其快捷、高效、经济、保密、充分尊重当事人意思自治、裁判依据灵活等特点，更适于解决数额小但数量多的金融纠纷。

4. 成立第三方争端解决机构

近年来，我国“一行三会”就机构设置和内控制度等方面对金融机构内部投诉处理机制建设进行了规范，但由于“又当运动员，又当裁判员”，金融机构的内部处理机制很难达到预期效果。因此，下阶段完善金融消费者争议解决机制的重点应放在成立独立的第三方争端解决机构上，这也是国际金融监管发展的主流趋势。建议采取以下两方面措施：

一是统一权威投诉平台的搭建。随着我国金融纠纷的增多，而且在普惠金融下，消费者的纠纷具有涉及金额偏小、数量偏多的特点，建立一个统一、权威、高效的非诉纠纷解决机制可以为金融消费关系提供“减压阀”和“润滑剂”。对于弱势的金融消费者而言，越简单的投诉方式越符合他们的思维方式，一个统一的投诉平台会让金融消费者更愿意拿起法律的武器来保护自己。

二是完善调解信息披露机制。在金融调解中，基于与会员单位的协议或会员按照既定程序通过的调解规则，调解机构有权作出相应的裁决并将裁决予以公开，同时将金融纠纷、进展等情况通过数据库平台披露供公众查询。信息披露可以通过声誉机制激励金融机构改进服务，同时有相关的争议纠纷案件引以为戒，也能帮助金融消费者作出理性的投资选择。

5. 队伍建设能力

金融消费者保护是一项新的工作，无论是监管者还是金融机构都缺乏经验，再加上金融产品的不断创新，需要大量的综合型、复合型的管理人才。尤其是在县乡一级的地区，金融监管人员缺乏，金融从业人员

自身金融素养不高，都会极大影响消费者保护的工作效能。所以要努力打造一支业务精通、作风过硬的队伍，特别是地方金融办和微型金融机构金融消费者权益保护部门的队伍。

五、提高培养公众金融素养的能力

金融素养（financial literacy）这个概念并没有统一而明确的定义。对于不同的人群，金融素养的内涵可能不同。例如，在发达国家，具备金融素养可能指的是会进行投资理财、了解保险产品和年金等；而在发展中国家，可能具备金融素养的要求仅仅是拥有基本的储蓄、借贷和财务规划能力。因此，金融素养并不是一个绝对的概念，而是更多地体现为一种应对能力或适应能力——能够结合自己的经济情况、年龄、家庭、所处环境等因素，有效地规划收入和支出、选择和运用合适的金融产品和服务。

（一）培养公众金融素养的必要性

培养公众金融素养可以加强金融消费者保护、提高金融体系的稳定性、促进普惠金融和经济社会的发展。因此，培养公民金融素养的能力是政府普惠金融能力的重要部分。

在推动发展普惠金融的过程中，政府仅仅把重点放在普惠金融服务的提供者身上是不够的，还需要考虑普惠金融的服务对象是否有能力去利用这些金融产品和服务。向缺乏金融素养的人群提供金融服务特别是信贷类服务而不考虑他们的接受能力，可能会增加“过度借贷”或“因贷致贫”的风险。

此外，普惠金融着重解决的“金融排斥”现象的一个重要原因是主动排斥，究其原因是相关人群对自己的金融素养和能力缺乏信心，或对金融机构缺乏信任。低收入人群可能在这一点上表现得更为明显。例如，认为金融服务很“神秘”，认为自己不具备接受金融服务的资格，或是认为无法信任金融机构等。提高社会公众的金融素养，有利于避免“主动排斥”的现象。

提高社会公众的金融知识水平、金融技能水平和金融理念水平，进而提升社会公众特别是“边缘人群”的金融能力，可以帮助他们参与到金融活动中来，了解自己应有的经济金融权利并从经济和社会发展中受益更多。

（二）实施金融教育以培养公众的金融素养

培养公民的金融素养通过金融教育（financial education）来实现。经济合作与发展组织（OECD）将金融教育定义为：“金融消费者或投资者通过获取信息、指导或客观建议来提高对金融产品、金融概念和金融风险的理解，因此他们会更有能力和自信识别金融风险和机会，在知情的前提下作出决策，知道去哪里寻求帮助，并采取其他有效的措施来提高自己的金融福祉。”① 金融教育是帮助社会公众建立起金融知识、技能和观点的过程。金融教育的目的在于通过培育公民的金融素养来提高金融可得性，鼓励金融消费者以合适的方式利用金融产品或服务来提升自己的经济水平和生活水平。

---

① OECD（2005），Improving Financial Literacy：Analysis of Issues and Policies.

金融教育应具有普惠性，社会公众应享有均等的了解金融知识的机会。但针对不同的群体，金融教育的内容和侧重点应当不同：符合特定群体的实际情况、知识水平和金融需求的金融教育才是好的金融教育。总体来说，金融教育应当包括日常及长期的金融财务规划、负债和资产的管理、如何利用金融服务和产品、了解数字普惠金融服务等创新金融形式等方面的知识，当然还应当有如何保护自身金融消费者权益方面的内容。

（三）关于实施金融教育的几点建议

政府要提高培养公众金融素养的能力，还需要构建起一套完整的金融教育体系。

第一，确立政府部门在公众金融知识教育中的主导地位，建立多方参与的金融消费者教育工作机制。可建立两个层次的金融消费者教育工作机制：一是在政府机构内部建立中央银行与其他金融监管部门、教育主管部门之间的金融消费者教育工作合作机制，明确要求各部门在各自职责范围内开展金融消费者保护教育工作；二是在政府与市场之间建立政府主导、金融行业协会、金融机构、各类学校和新闻媒体等多方参与的金融消费者教育工作机制。

第二，将金融消费者教育纳入国民教育体系，建立提升全民金融素质的长效机制。根据人民银行于2017年7月发布的《消费者金融素养调查分析报告》，小学生毕业后继续上初中直至毕业，金融素养得分较之前提高83.5%，初中生升学至高中直至毕业则可以提升55.7%，初中、高中阶段是学生金融素养提升最快的两个时期。因此，建议将金融教育纳入义务教育范畴。

第三，重点加强对弱势群体的金融消费者教育。这类群体大多文化教育水平较低，较少接触金融服务，金融知识较为缺乏。有必要专门面向这类群体，尤其是金融知识欠缺、经济能力有限的老年人和学生群体进行相关知识普及和风险警示，提供金融产品和服务的咨询，帮助他们识别金融欺诈行为。

第四，要深入调研，动态把握金融消费者知识水平和需求，建立金融消费者教育反馈机制和有效性评估机制。广泛、持续地开展消费者金融素养问卷调查，以便及时跟踪分析金融消费者行为特点的变化，有利于设计、开展具有针对性的金融知识普及活动。

第七章

数字化时代的能力建设

普惠金融服务对象主要是中小微企业和低收入群体。这个群体的需求特征决定了为其服务的金融产品必须有单笔额度低、笔数多的性质，同时，这个群体常常缺乏抵押物，并且处于信息更加不对称的处境。对于传统金融机构而言，向他们提供普惠金融服务的最大障碍是规模不经济导致的高经营成本，以及缺乏抵押品和可信赖的财务报告导致的高违约成本。飞速发展的数字信息技术为降低上述成本提供了技术支持。一方面，数字信息技术可以帮助降低现场人员的工作量，缩短工作流程，节约提供单笔金融服务产品的时间和人工，降低经营成本；另一方面，数字信息技术正在前所未有地创新违约风险识别方法，降低违约成本。诸如此类的优势既可以提高金融机构盈利空间，也可以在市场充分竞争的环境下，推动金融服务价格下降，使需要普惠金融服务的群体能够获取质优价廉的服务。因此我们说，数字技术为普惠金融插上了翅膀。

一、数字技术的发展与数字金融创新

谈到数字金融创新，人们也许会自然地联想到近年来被更为频繁地提到的金融科技（Fintech）一词。全球金融稳定委员会（Financial Stability Board，FSB）在 2016 年对金融科技所作的定义是：金融科技指技术带来的金融创新，它能够创造新的业务模式、应用、流程或产品，从而对金融市场、金融机构或金融服务的提供方式造成重大影响。金融科技强调技术对整个金融的流程、链条和功能要素带来的深刻影响和变化。这个概念当中的科技主要可以理解为数字信息技术，备受关注的金融科技其实是各种新型的数字技术被应用到金融服务领域的成果。

为了更好地理解数字技术的应用对金融发展和对普惠金融能力产生的影响，我们根据中国数字金融发展的情况，分三个层面和六个类别对主要的数字技术和相应的数字金融创新进行介绍。

第一层是基础设施类技术，包括数字通信技术和移动互联网。这是数字金融近年来得以快速发展的基础，在中国已得到很好的应用和推广。

第二层是商业应用类技术，包括云计算和大数据。其在中国的传统金融机构和新型互联网金融机构的金融创新中，已被大量采用，但其市场处于早期的快速扩张阶段，还有很大的应用推广空间。

第三层是探索创新类技术，包括人工智能和区块链。这类技术在金融领域的应用还处在商业摸索阶段，但已经给了人们具有冲击力和颠覆性的想象空间。

（一）数字通信技术

以数字信号取代模拟信号，数字通信技术实现了更快的传导速度、更强的抗干扰能力和更低的传输成本，可谓信息传输方式的革命性改变。以移动数字通信技术的推广为例，中国已经历了2G、3G和4G三个阶段，目前各国正在研制的5G技术，其信息传输稳定性、安全性、兼容性和空间距离将会进一步提高（见表7-1）。

表7-1　　移动数字通信技术的发展

	2G	3G	4G	5G
最高传输速度	9.6kb/s	2mb/s	100mb/s	10gb/s
中国启用时间	2001年	2009年	2013年	预计2020年
与上一代相比，技术上的优势	抗干扰能力大大增强	速率提高，语音安全性提高，可接入互联网	可传输高质量视频，可视频通话	可传输超高清视频，满足智能家居需求

在后台视角下，现代的金融交易几乎完全表现为信息的记录、确认、存储和传输。信息传输的可达距离和速度决定着金融交易的广度和速度，信息处理的成本成为金融成本的重要构成部分。2013年被视为中国互联网金融发展的元年，这一年中国工信部也正式颁发了4G牌照。此后几年是中国数字金融迅速发展的阶段，也是4G市场渗透率快速提高的阶段。截至2017年2月，中国的4G用户已经达到7.7亿户，

占全球4G用户的一半以上①。应该说4G的普及是推动中国互联网金融发展的基础性数字技术。

（二）移动互联网

移动互联网是移动通信技术与互联网技术结合的产物。工信部数据显示，截至2016年末，中国移动互联网用户数量为9.4亿户，占总人口比重达71.2%。当通过互联网（尤其是移动互联网）向终端消费者提供金融服务成为可能时，金融业格局开始发生巨大变化。

首先，基于移动互联网的金融服务突破了物理网络的局限，互联网所达之处就是金融服务可覆盖之所。其次，金融消费者之间点对点（peer to peer）的交易成为可能。再次，互联网削弱了金融分业经营导致的藩篱。虽然目前中国的分业经营、分业监管的格局还在延续，但在互联网环境下，消费者不同账号之间的联通和资金转移变得非常简单。最后，互联网实现了金融服务与其他场景的相互嵌入，如供应链物流网络与抵押、融资流程的结合等。

互联网对传统产业的颠覆遵循着从简单到复杂、从单向到双向的顺序。早期互联网化的行业是新闻传媒、在线游戏和社交，这些领域的服务内容主要是信息的单向或者双向传输。之后是在线旅游和电子商务，除了线上信息的交互外，还需要线下资源和物流的支撑。在这个时期，数字金融的服务主要体现在线上支付和网上信息提供，产品形式是第三方支付工具和金融机构网站等。但保险、消费金融、贷款等金融交易还

① 中国新闻网，2017-03-06。

伴随着信息不对称带来的金融风险和长期复杂的责权利契约关系，需要解决征信和应对复杂流程的问题。下述大数据、云计算技术的出现，为这些问题的线上解决提供了充分的可能。从全球来看，数字金融的全方位发展也是在这两项技术成熟之后发生的。

（三）大数据

大数据，即海量数据，它所涉及的数据量规模巨大，以至于无法通过人工或计算机在合理时间内进行截取、管理、处理并整理成为人类所能解读的信息形式。一般认为，大数据具备 5V 特点：（1）Volume（大量），全球的数据存量已达到 ZB 级别；（2）Velocity（高速），大数据计算一般要在秒级时间内给出分析结果；（3）Variety（多样），数据类型的多样性和数据格式的多样性，现今 70% 以上的数据为非结构化数据；（4）Value（低价值密度），大数据内部隐藏着巨大的学术或商业价值，但需要挖掘、分析；（5）Veracity（真实性），实时、动态的真实数据汇总。

大数据在金融中起到的关键作用表现为缓解借贷双方的信息不对称程度，降低不确定性以及转化为决策信息的重要原材料。应用大数据的典型例子是阿里小贷授信审贷过程：阿里小贷基于阿里巴巴旗下的一系列平台数据，收集借款人的平台认证和注册信息、历史交易记录、客户交互行为、海关进出口等信息，结合卖家自己提供的销售数据、银行流水、水电缴纳甚至结婚证等情况，再加上心理测试信息，系统自动通过数学方法估算参数以判断客户未来情况。这一过程不但迅捷，更是极大地降低了服务成本，利用数字技术解决了小微额度贷款缺乏规模经济性的部分难题。

（四）云计算

大数据的发展离不开云计算。利用分布式计算机的云计算技术改变了传统数据计算必须依托于本地计算机或远程服务器的格局，从有存储量和速度限制的专有系统转向了云端共用的存储系统。

对单个用户而言，云计算有两个重要优点：低成本和快速便捷。用户只要具备简单的操作系统和浏览器，并为云服务支付低廉的费用，即可享受云端计算服务。

以银河证券为例，为了保证交易顺畅和交易数据完整，银河证券以前在全国建立了20多个网上交易镜像站点，每一个站点都需要花费时间进行设备采购、调试、安装，一年下来相关运营成本至少数千万元。而引入云计算之后，这部分成本都可以省掉，相应的服务全部通过金融云来提供。

（五）区块链

区块链是一种去中心化分布式账本，是按照时间顺序将数据区块以顺序相连的方式组合成的一种链式数据结构，不可篡改和伪造。区块链技术的特点可以简单归纳为四点：第一，去中心化。网络不需要中心化的节点或管理机构，任意节点的权利和义务都是均等的。第二，去中介信任。整个系统的运行建立在公开透明的数学算法之上，节点间的数据传输是匿名但公开的，节点之间彼此信任，无法欺骗其他节点。第三，开放性。除了私有信息被加密外，区块链数据对所有人公开，整个系统

信息高度透明。第四，可靠性。一旦信息经过验证并添加至区块链，就会永久地存储起来，除非能够同时控制住系统中超过51%的节点，否则单个节点对数据库的修改是无效的。因此，区块链的数据稳定性和可靠性极高。作为一种不需要行政机构授信的安全解决方案，区块链首先被应用于比特币。

区块链数据的自动记录、不能删除和难以篡改特征，使其非常适合为信用相关业务服务，并让以认证、记录、防伪和树立第三方权威为主要功能的专业金融机构和硬件系统都变得不再必要，对于金融脱媒有巨大的应用潜能。目前，区块链的应用主要集中在数字货币、跨境支付与结算、票据与供应链金融服务、证券发行与交易以及客户征信与反欺诈五个领域，各国尚未出现技术和商业都成熟的例子。

（六）人工智能

人工智能，是指模仿人类的大脑和智力，生产出能以与人类智能相似的方式作出反应的智能机器。人工智能对金融业带来的影响是以智能化的、拟人化的机器替代人的服务，这将重构金融服务生态。

一方面，人工智能将使金融行业服务模式更加主动。通过让机器在很大程度上模拟人的功能，人工智能可以实现批量的人性化和个性化服务，在沟通客户、发现客户金融需求方面起到重要作用，对产品设计、服务渠道、服务方式等带来一系列重要影响。

另一方面，人工智能可大幅提升金融大数据处理能力。通过提供足够多的数据供深度学习系统进行学习，并不断完善其知识回答能力，甚至能够超过人类的能力，人工智能的应用将大幅降低人力成本并提升金融风险管理及其他复杂业务处理能力。例如，在蚂蚁金服旗下网商银行的消费金融“花呗”和小微企业贷款业务中，机器学习技术把虚假交易率降低到原来的近1/10；为支付宝的证件审核系统开发的基于深度学习的OCR系统，使证件校核时间从1天缩减到1秒，同时提升了30%的通过率。

通过对新型数字技术及其金融应用进行梳理和分析，可以看出这些技术与金融包容性发展之间的天然契合性，现将数字技术解决的主要痛点、形成的典型数字金融产品以及提升普惠金融能力的主要表现总结如表7－2所示。

表7－2　　　　数字技术与普惠金融

数字技术种类	解决的主要痛点	典型数字金融产品	提升普惠金融能力的主要表现
数字通信技术 移动互联网	克服了物理网络覆盖的有限性	网上支付 O2O支付 网上证券经纪业务	更多群体接入了金融网络 金融服务的可触达性大大提升
云计算 大数据	处理风险能力的提高 降低了风险的不确定性和信息的不对称性	P2P网络借贷 供应链金融 消费者金融 网上小额贷款 UBS保险	针对个人、小微企业的征信能力大大提高 风控手段增强，融资范围大大拓展
人工智能	克服了人工服务的局限性，这种局限性包括信息不透明、人工客观或主观的误差等	智能投顾 机器客服	针对高净值客户的金融服务拓展至普通客户群体
区块链	克服了中心化金融结构的局限性，建立了崭新的信任机制	数字货币 分布式资产交易平台	金融消费者主权得到尊重和保护

二、数字技术的金融普惠效应：以中国的移动支付为例

支付是所有金融业务的基础，在中国数字金融发展过程中，互联网支付也成为其他金融业务拓展的重要入口。应该说，数字支付，尤其是数字移动支付在中国的发展，不仅推动了非现金支付工具的普及，也为其他金融业务向小微企业、农户等金融需求远远没有得到满足的群体进行渗透创造了重要契机。可以毫不夸张地说，移动支付创新开拓了中国普惠金融发展的新格局。下面从两个方面来阐述这一结论：支付领域的包容性发展和其他金融业务的包容性发展。

（一）支付领域的包容性发展

数字技术推动的支付领域的包容性发展体现在以下两个方面：

一是非现金支付使用范围的拓展。2016 年国际数据咨询公司 Kantar TNS 的最新调查显示，亚太地区移动支付渗透率达到 53%，是全球移动支付使用率最高的地区，而北美和欧洲分别为 33% 和 35%，中国、中国香港和韩国分别位列全球移动支付渗透率的前三位。而中国支付清算协会在 2016 年 8～11 月进行的调查显示，40 岁以下的低学历人群、100 元以下的金额以及县城区域用户是移动支付的主要特征，这与银行卡支付的高学历，大金额，一线、二线、三线城市为主的特征形成了鲜明对比。2017 年 2 月，英国《金融时报》发表了一篇题为《相比于中国，美国的移动支付市场看上去像是侏儒》的文章，文章引用了艾瑞咨询和 Forrester Research 两家咨询公司分别针对中美两国移动支付市场的研究报告数据，称中国移动支付 2016 年的规模大约为美国同期的50倍。[1] 这个报道在世界各个国家得到转载和传播，中国以二维码扫描为代表的移动支付的发展随之引起了各国的瞩目。

二是非现金支付费率的降低。第三方支付工具出现之前，消费者的支付工具只有现金和银行卡两种选择。中国银行卡支付的价格体系一直由中国人民银行和银联主导，由国家发展改革委统一定价。随着银行卡数量不断增加，单笔交易的成本迅速降低，但支付费率多年没有变化。

从表7-3可以看出，到2013年之前，银行卡的手续费率是餐娱类2.0%，一般类1.0%。2013年的第一次费率调整，平均下调了23%，各方分成比例没有变化。这一年正是中国人民银行大量发行第三方支付牌照的时期，支付清算领域出现了银联和商业银行之外的其他民间机构。第二次调整是2016年，即所谓的“96费改”，整体费率下调到与微信支付和支付宝的扫码支付费率大致相当的水平——0.5%~0.6%，同时只规定了上限，没有硬性规定各方机构的收费标准。这次调整的背景是以第三方支付机构为主导的O2O支付迅速普及，银行卡POS刷卡受到了剧烈的冲击。从上述事实可以看出，第三方支付机构的出现打破了“银联+商业银行”垄断非现金支付行业的格局，不仅满足了线上和线下更多场景的非现金支付的需求，同时也促进了整体电子支付费率的下调，减轻了商户的负担。

---

① Financial Times，2017.02.14，“China Mobile Payments Dwarf Those in US”.

表 7 –3　　中国银行卡支付费率的变化（以借记卡为例）

实施期间	类别	合计费率（%）	其他
2004 ~2013 年	餐娱类	2.0	统一定价，规定了发卡行∶收单行∶银联 =7∶2∶1 的固定分成比例
	一般类	1.0	
2013 ~2016 年	餐娱类	1.25	
	一般类	0.78	
2016 年至今	统一	0.5 ~0.6	清算和发卡规定了上限，收单方市场定价

数据来源：根据中国人民银行、发展改革委相关文件整理。

进一步，还可以通过比较中国与美国的支付费率水平来证明第三方支付的这一作用。VISA 和 Master 信用卡刷卡消费的商家费率目前在2% ~3%，而中国“96 费改”之后已经降到了 1% 左右的水平，大大低于美国。表 7 –4 比较了支付宝、微信支付和 PayPal 的支付费率，可以看出，中国的第三方支付费率只有 PayPal 的 1/5 ~1/4，处于美国市场无法想象的低水平状态，这正是数字技术推动支付包容性发展的重要体现。

表 7 –4　　支付宝、微信支付与 PayPal 的支付手续费率比较

	支付宝	微信支付	PayPal
费率	非担保交易收款 0.6%　移动终端及电脑收款 担保交易收款 1.2%　0 ~6 万元（年收款额） 1.0%　6 万 ~50 万元 0.9%　50 万 ~100 万元 0.8%　100 万 ~200 万元 0.7%　200 万元以上	0.6%　实物交易 1%　彩票 2%　游戏等虚拟交易 0　公立医院收费等	4.4% +0.3　小于 3000 美元（年收款额） 3.9% +0.3　3000 ~10000 美元 3.7% +0.3　10000 ~100000 美元 3.4% +0.3　100000 美元以上

资料来源：根据各企业数据整理。

（二）移动支付发展背景下其他金融业务的包容性发展

移动支付在中国蓬勃发展的意义不仅在于普及了非现金支付，更重要的还在于以支付平台为基础，利用支付入口把大量用户聚拢在平台上，为这些用户提供传统金融机构无法提供的或者门槛很高的金融服务。这些服务从目前的发展来看，主要包括以下三个方面：

一是扩大了征信和信贷范围。中国的新型数字支付机构，如支付宝和微信支付，是依托于电子商务场景和社交场景发展起来的互联网平台型企业。互联网企业的背景使其对用户数据的记录、积累和分析具有天然优势，电商和社交场景的存在又赋予了平台多维度、动态采集数据的可能，并且支付宝和微信在自身发展过程中，始终秉承开放的态度，开放接口，在平台生态中接入了公用事业缴费、工商税务和法院数据等外部资源，形成了可交叉认证、多信息来源的大数据资源。因此，基于这些数据所形成的信用评级是可靠而具有市场公信力的。同时，支付平台的个人用户年轻化和企业用户的微小型特征，恰恰弥补了目前已有征信体系的短板，让向这些群体提供信贷服务成为可能。从近两年的发展状况看，这些获得互联网平台良好评级的个人和企业用户的信贷环境已在明显改善。个人用户凭借信用分，不仅可以从平台获得消费信贷或直接融资，也可以在租车、申办信用卡甚至申请签证等业务中获得极大的便利。企业用户则不仅可以从平台直接申请便利、灵活的贷款，也可以凭借良好的信用从合作银行及 P2P 平台申请借款。应该说，基于支付账户发展起来的信用服务恰好把处在“因为没有接受金融服务，所以缺乏信用，因为缺乏信用，所以申请借贷困难”的两难困境之中的群体包容进

来，利用数字技术为缓解中小微弱群体融资难状况开辟了新的路径，也为中国征信体系的健全和发展贡献了力量。

二是降低了理财门槛，使低净值用户在分散资产配置、流动性和收益性的平衡中，获得了更大的选择空间。在改善中国低净值家庭储蓄理财的处境方面，“余额宝”是功不可没的，它具备了与此前的货币基金相比一些不同的优点。首先是流动性，传统的货币基金是T+1赎回，而余额宝不仅可以T+0赎回，还可以直接用于信用卡还款和线上、线下购物，实际上与银行活期存款没有差异；其次是起投金额，传统的基金起投金额是万元或千元，“余额宝”则是零起点；最后是收益率，“余额宝”事实上是在利率受到管制的普通银行存款和利率市场化的银行同业存款间进行套利，并把套利的收益返还给了投资者。“余额宝”的这些特点，极大地满足了低净值用户在规避风险、高流动性和高收益率方面的理财诉求。“余额宝”出现后，金融市场上出现了大量的“宝宝类”产品，其产品特征与“余额宝”大致相同。这些产品改变了低净值用户过去或者以银行存款方式进行储蓄忍受低收益或者以银行理财产品方式储蓄忍受低流动性的状况，开启了理财产品服务长尾客户的新模式。

三是激发了小额线上保险产品及服务的创新，大大拓宽了通过保险管理日常生活风险的范围。以线上支付平台为依托，网上购物、住宿旅游、线下面对面交易等场景变得透明、可追踪，网上购物退货运费险、酒店机票退订险、航班延误险、网上账号失窃险、银行卡盗刷险、众筹跳票险等保险产品的设计、销售、出险确认以及理赔过程可一气呵成。正是线上支付工具提供的便利的支付方式，以及互联网平台所提供的场景、行为、结果的信息集成，使这些保险产品的市场化成为了可能。

综上所述，数字技术所推动的移动支付的发展，在促进普惠金融发展能力方面，不仅体现在更多的群体和更多的场景可以使用低成本、快捷的非现金支付方式，更重要的是，还体现在以移动支付账号和支付平台为基础推动了个人和小微企业征信、信贷、理财、保险等服务的深化。从这个意义上讲，中国的数字普惠金融实践为全球普惠金融的发展提供了一个另辟蹊径的模式，可供其他国家借鉴。

三、数字技术面临的多维排斥

尽管数字技术具有金融普惠效应，帮助缓解传统的金融排斥，但其效应的发挥还会受到数字鸿沟、知识鸿沟等多方面因素制约，形成数字鸿沟等导致的新金融排斥，将一部分人群排斥在数字普惠金融服务之外。

（一）数字技术“排斥”的六个方面

总体来看，农村地区数字技术在金融领域的应用可能存在发展不均衡以及发展障碍。对这类问题，我们使用排斥的概念予以表达，并将排斥分为以下六个方面。

一是地域排斥。数字技术在金融领域的发展与地区经济发展水平息息相关，经济发达地区数字技术应用及互联网金融发展水平普遍较高，经济落后地区发展水平较低，这种数字技术应用结果的地域差异谓之“地域排斥”。根据北京大学互联网金融中心编制的 2016 年 3 月我国 31

个省（自治区、直辖市）的互联网金融指数，北京、上海、浙江、广东四个省市互联网金融发展指数超过600，远超过其他省市，而青海省、西藏自治区则处于全国最低水平，互联网金融发展指数均在250左右，证明数字技术存在“地域排斥”。

二是信用评估排斥。数字技术应用在金融领域面临着评估排斥，由于我国征信体系还处于初创阶段，广大农村地区农民的信用体系建设基本处于空白的状态，使金融机构很多时候无法判断客户的信用状况。凭借大数据、云计算技术确实能够降低互联网金融机构的信息搜寻成本，但很多农民并无网购记录或银行账户记录，使得大数据很难覆盖这个群体，特别是贫困地区。

三是价格排斥。在推动普惠金融中金融机构面临的最突出的难题就是优质资金来源缺乏，运营成本高，而依托数字技术的互联网金融为了维持运营必然会提高其产品定价，形成价格排斥。例如，P2P行业在2015年以前野蛮生长的阶段，为了吸引更多的投资者和资金加入，平台综合收益率最高达到17.86%（2014年），2015年降至11.6%，但对于融资者的筹资成本仍然很高。考虑线下营销、调查、管理的成本，一些平台年化贷款利率达到18%～23%，远高于同期银行贷款利率，这会使一大批贫困人群因价格因素被排斥于数字技术金融服务之外。

四是营销排斥。农村地区农民对于数字技术、互联网金融、农村电商、众筹等新概念和新模式认知度不高，加剧了数字普惠金融在农村地区的营销难度，形成“营销排斥”。互联网金融渠道为王，掌握了营销渠道就必然能够迅速发展，例如，肯尼亚的M－PESA手机银行正是凭借Safaricom遍布城乡的营业网点进行营销，取得了巨大的成功。目前，大部分互联网金融机构的营销广度和深度不足，采用的营销手段也比较老套，如在村头做广告、刷大墙等，营销的效果欠佳。

五是工具排斥。此处的工具排斥是指数字普惠金融服务中，受众由于缺少电脑、手机等互联网工具或者互联网未覆盖所导致的排斥。从现实发展来看，许多贫困地区群众因缺少互联网或具备互联网功能的电子设备而被排斥于金融服务之外，这种排斥可以被看作是工具排斥。截至2016年末，我国农村地区还有66.9%的农民未实现互联网覆盖。近年来，各大金融机构纷纷推出网上银行、手机银行业务，这些业务发展在农村发展相对缓慢，其中一个原因可能是工具排斥。农村地区的人群电话、电脑等电子产品的拥有量少且使用能力差，相关费用承担能力不足，因而制约数字技术在贫困农村地区金融普惠效应的发挥。

六是自我排斥。数字技术应用中还面临着其服务群体“自我排斥”的问题。数字普惠金融对于其使用群体的文化素质、金融素养及相关互联网金融技能都有一定要求，农村地区农民金融信息获取普遍困难，金融素养也普遍不高，可能导致他们对互联网金融不了解、不信任或不愿使用的问题，形成对数字普惠金融的“自我排斥”。

（二）数字技术面临多维金融排斥的政策建议

数字技术凭借其特点和优势能够在很大程度上缓解传统金融排斥的状况，但数字技术的金融普惠效应发挥所依托的微观、中观和宏观层次的条件可能会导致新的金融排斥产生。根据相关实证研究[①]，数字技术

① 参考《中国普惠金融发展报告（2017）》第十六章。

的金融普惠效应在多维排斥下仍然存在，但会受到一定的制约。普惠金融、数字技术与多维金融排斥三者间是交互影响的，数字技术仍然具有金融普惠效应，不过多维金融排斥会抵消一部分数字技术的金融普惠效果。

针对数字技术面临的多维金融排斥，提出以下政策建议：

第一，建立健全数字技术在金融领域应用的相关法律法规框架，为数字技术的金融普惠效应发挥提供法律和政策保障。该框架应包含以下几个方面的内容：一是规定数字普惠金融市场准入的门槛，并明确其在资本和流动性上的具体要求，规范各市场主体的行为，以保障广大金融消费者的利益；二是该框架应具备一定的灵活性，能够为金融技术和产品的不断创新提供政策和法律保障，允许创新型的产品和服务模式能够在发展的早期拥有一个宽松的环境；三是该框架应能为各个市场参与主体构建一个公平、公正、平衡的竞争环境，并平衡好金融风险和监管合规成本。

第二，健全数字技术应用的行业的监管体系。目前，我国对数字技术在金融领域的应用的监管体系仍然延续分业监管的模式，但其特性已经超越了地域和行业的桎梏，监管难度也随之加大。因此，政府可以考虑在现行的“一行三会”的监管体系下建立一个专门的金融机构监管部门，来总体负责对互联网金融各个行业的监管。同时，需要注重提升金融监管者的能力，通过培训等方式加强监管机构对数字技术相关知识的学习，促使其利用互联网技术增强监管的能力，改进监管流程。同时，还可以制定一系列的鼓励政策，引导中西部地区通过互联网金融等新的金融模式发展普惠金融来实现弯道超车，缓解地域歧视对数字技术的普惠效应的抑制状况。

第三，加大对农村地区网络基础设施建设投资和知识教育。数字普惠金融依托于互联网覆盖、互联网电子设备及电商平台。要更好地发挥数字技术的金融普惠效应，政府应加强在广大农村贫困地区的互联网基础设施建设，提高互联网的普及率及传输效率，为数字普惠金融在这些地区的推进提供基本条件。通过为农村贫困地区群众购买和使用手机、电脑等互联网设备提供一定的补贴，提高具备互联网功能的电子设备的普及率。同时，政府应加大对于金融教育的投入，特别是应提高广大农村地区和贫困地区农民的受教育水平，并不断提高广大农民的金融素养。

第三部分

普惠金融的社会影响力

第八章

金融知识对金融消费者的影响①

当缺乏金融能力，人们常常可能走两个极端，要么避开金融服务，要么过度负债。前者因为恐惧，后者因为不理性。只有掌握了基本的金融知识，才可能在使用金融服务时如鱼得水，在纷乱复杂的金融产品中游刃有余。金融能力对改善个人和家庭生产生活条件非常重要。也许有人认为，许多人不知道什么是金融，也没有所谓的金融能力，不是也过得很好吗？当然也有人说，如果有金融能力会更好一些。这里我们要讨论的，就是金融能力会不会帮助人们提高生活水平。

① 本章基于中国金融教育发展基金会、Visa 公司、长春金融高等专科学校和中国人民大学中国普惠金融研究院（CAFI）联合在吉林、黑龙江和内蒙古等省区 33 个贫困县进行的 3010 份问卷的调查结果进行分析。

一、人们应该具备的金融能力

一般来说，金融能力是要有基本的金融知识、一定的技能、合适的态度和行为。其中，金融知识是金融能力的最重要基础，其内容也非常丰富，包含一些基本知识和专业知识。利率知识就是一种基本的金融知识，反映资本的时间价值，在日常的生产和生活中常常需要应用到。有没有利率知识，最简单的判断方法就是看他会不会计算利率，这既反映一个人有没有这方面的知识，也反映他有没有利率方面的技能。因此，我们可以把“有无利率计算能力”作为金融能力的指标来讨论，到底金融能力是不是对消费产生影响。

在一份问卷调查中，我们问了“您是否知道如何计算存款、贷款利息”这样的问题。问了 2010 人，他们是辽宁、吉林和内蒙古三个省区 19 个县的农民，其中有 491 位受访者给出肯定的答案。这不但体现他们具有相当程度的金融知识，而且对自己的金融能力比较有信心。这种金融知识和自信是长期积累的结果。在长期生产生活中，他们通过自发的和被动的学习，包括通过电视、培训或向朋友学习，掌握了一定的金融知识。长期积累的金融知识转过来指导未来的金融决策，改善决策的质量，最终提高收入，改善其生活水平。可以用这个结果来分析“过去积累形成的金融能力，对去年的收入水平有没有影响”这样的问题。

分析的方法是把调查问卷数据分为两个样本，对比分析金融知识如何影响个人的金融行为、生产生活决策和生活水平。分析发现，在经济和金融知识在正规教育中缺失的情况下，人们只能通过电视、宣传材料、培训、手机短信、微信帖子等途径获得金融知识。这可证明，在普惠金融发展过程中，可以通过这些手段来有效地提高金融知识和能力。尤其是培训、手机和微信，已经成为了比较有效的普惠金融能力提高的重要途径。分析也发现，金融能力的提高，可以增加金融服务的需求和使用，由此改善生活条件。

二、如何学到金融知识

中国几十年的应试教育，导致从学校里学到的知识与实际生活脱离。人们需要自学或者从别的途径来获得日常生活的知识和技能。其中，比较突出的就是缺乏经济学的基础知识。经济活动是现代生活不可或缺的。除了与经济和金融相关的学科，学生是无法从课堂上学到经济和金融知识的。结果使中国成年人口中具有金融知识的人口比例非常低。

在进行经济决策的过程中，需要使用到很多金融知识，其中利率计算是最常见和使用频率比较高的金融知识，是大多数成年人日常需要掌握的知识。可是在调查中发现，只有16.3%的成年人认为自己知道怎么计算利率。这样一个最基本常用的金融知识，竟然有83.7%的成年人没有掌握，可见金融文盲率高得惊人。金融扫盲是普惠金融发展中一个迫切需要开展的工程。

深入比较就可以发现，金融教育在整个教育系统中的缺失。调查样本中受过初中以上教育的成年人超过55%，大大超过具有利率知识人数的比例。也就是说，很多成年人即使受过初中以上的教育，也没有掌握利率运算能力。体现了正规的学校教育与金融素养没有直接的关系。

大多数人是在教育体系之外通过自己的途径获得金融知识的。当然良好的基础教育对从课堂之外获得金融知识是有贡献的。如图 8－1 所示，在不同教育程度的人群中，受教育程度越高，掌握利率知识的比例越高。

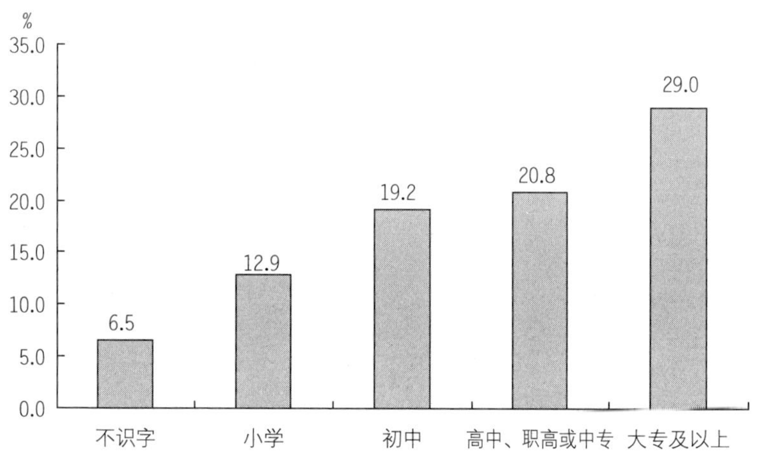

图 8－1　有利率知识成年人教育程度分布

受过大专以上教育的成年人，常常在社会和家庭经济决策中扮演着重要角色，他们的金融能力影响着经济活动效率。但是调查发现，他们当中只有 29% 掌握了利率知识。具有初中和高中学历的成年人，也只有 20% 左右能够进行利率运算。可见，无论教育程度高低，大多数成年人都是金融扫盲的对象。

成年人学习是要满足实际需要的，他们多数情况下是在生活中遇到了问题，才会被动地学习。图 8－2 显示，是否有利率计算能力与职业有一定的关联。个体和私营企业主，由于经营活动中需要考虑成本，常常涉及利率计算问题，比较注意利率知识的学习，因此他们当中掌握利率知识的比例比较高，占23.7%。诚然，这个比例也是比较低的，还有76.3%的经营者没有掌握利率知识，可见他们的金融能力还有很大的空间有待提高。

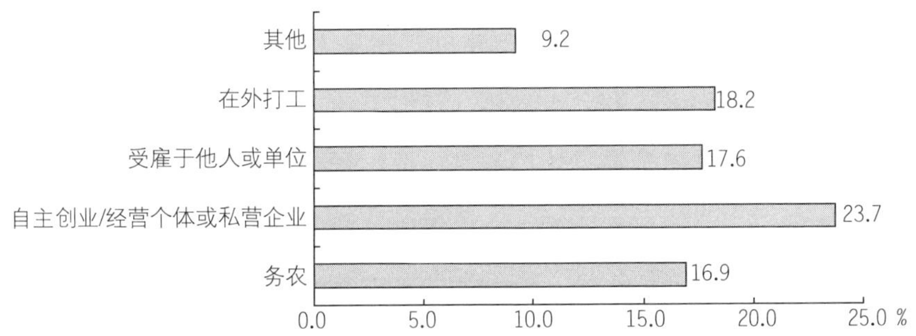

图8-2 利率知识与职业的关联关系

开展金融扫盲，需要考虑年龄因素。调查发现，利率计算能力在各年龄段有比较规律的分布。如图8-3所示，在小于40岁的年龄段，随着年龄的增加，具有利率计算能力的成人比例在增加。这是由于在学校

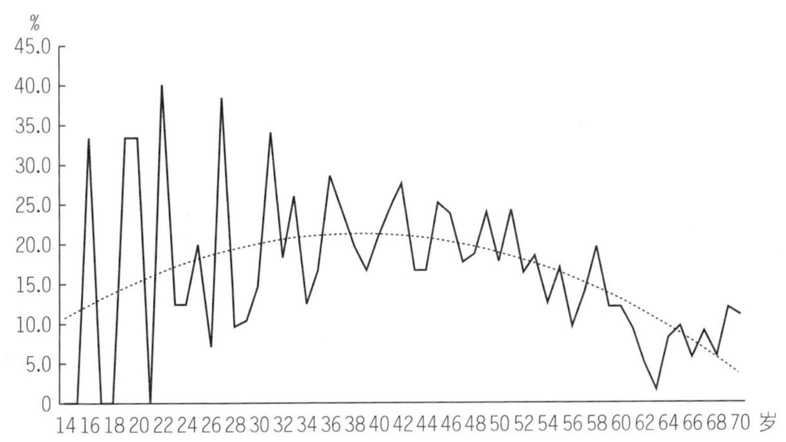

图8-3 有利率知识的成年人年龄分布

都没有正规的经济或金融知识学习，而生产生活需要，因此利率知识随年龄增长而积累。对于大于40岁的成年人，由于他们是在轻视利率的文化环境中走过来的，加上文化程度相对较低，年龄越大的人群，对利率越是陌生。

值得注意的一个现象，就是利率知识与身体健康程度有一定的关联。身体健康状况越好的人群，有利率计算能力的比例越高。还没有证据证明这两者是否有因果关系，这可能是年龄在背后起作用，年龄较大的成年人身体较差，同时利率计算能力也相对较低。另外，利率知识与性别有关，有18%的男性和14%的女性具有利率计算能力，可能是因为男性在经济活动中比较活跃，因而更注重利率知识的学习（见图8－4）。

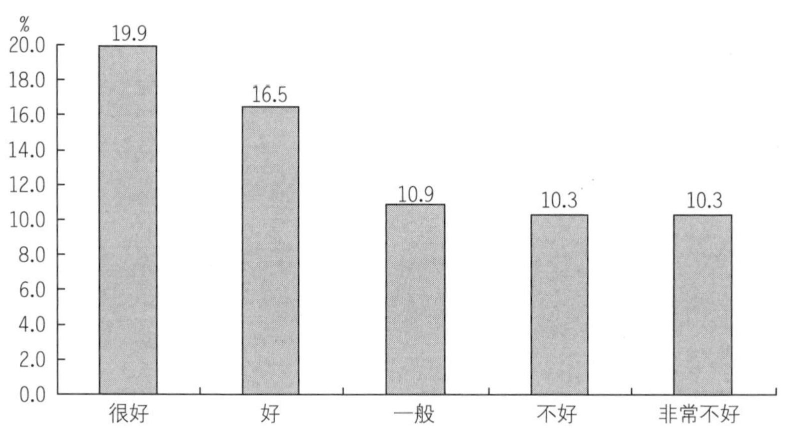

图8－4　利率知识与成年人健康状况的关联度

经济和金融知识还没有成为我国教育体系中必修的内容，除了经济类毕业生，即使是受过高等教育，相当比例的成年人还属于金融文盲，缺乏金融知识，金融能力低。只有在生产生活实践中，特别是需要用到金融知识的时候，人们才会自发地学习金融知识。这种状况导致国民整体金融能力低的现状。发展普惠金融，提高金融能力的任务很艰巨。

三、从哪些渠道学到金融知识最多

由于金融和经济知识没有被包含在正规的学校教育中，因此培训成为成年人掌握金融知识的重要手段之一。问卷调查发现，参加过培训的成年人有16.8%掌握了利率计算知识，在没有参加过金融培训的成年人中只有13.2%知道如何计算利率。这个结果说明，培训的确可以增加金融知识，同时也说明培训不是学习金融知识的唯一渠道。表8－1显示，参加过金融机构培训的成年人中有17.4%掌握了利率计算方法，在明确表示没有参加过培训的人中只有13.7%具有利率计算能力。值得注意的是，还有大量的问卷是无效问卷，假设没有明确回答的受访人没有参加过培训，则这一比例更低。政府举办的培训也是如此。总之，调查证明，培训确实增加了成年人的金融知识。

表8－1　　　　培训对金融知识的影响

培训			利率知识		合计
			有	无	
金融服务提供方（包括银行、农村信用社、小额贷款公司）培训	否	人数（人）	29	5	34
		占比（%）	85.3	14.7	100.0
	是	人数（人）	100	21	121
		占比（%）	82.6	17.4	100.0
政府部门培训	否	人数（人）	107	19	126
		占比（%）	84.9	15.1	100.0
	是	人数（人）	22	7	29
		占比（%）	75.9	24.1	100.0

续表

培训			利率知识		合计
			有	无	
教育机构（包括学生三下乡宣讲）培训	否	人数（人）	110	25	135
		占比（%）	81.5	18.5	100.0
	是	人数（人）	19	1	20
		占比（%）	95.0	5.0	100.0

问卷调查了传单、集中培训、电视节目、一对一指导、手机短信、微信帖子和其他途径宣传金融知识有效性情况。表 8 – 2 显示，所有的方法都有一定的效果。最值得注意的是手机短信和微信帖子在传播金融知识中具有很好的效果。从手机短信和微信帖子获得金融信息的群体中，有 35.1% 和 39.7% 的人是掌握利率知识的，大大超过没有从手机短信和微信帖子中获得金融知识的人群。当然我们掌握的数据还不能确切证明是手机短信和微信帖子增加了受访者的金融知识，还是受访者自身的金融知识促使其从手机短信和微信帖子获得金融信息。

表 8 – 2　　　　获得金融知识的渠道

获得金融知识的渠道			利率知识		合计
			有	无	
阅读传单	否	人数（人）	1137	160	1297
		占比（%）	87.7	12.3	100.0
	是	人数（人）	378	77	455
		占比（%）	83.1	16.9	100.0
集中培训/讲解	否	人数（人）	1404	210	1614
		占比（%）	87.0	13.0	100.0
	是	人数（人）	111	27	138
		占比（%）	80.4	19.6	100.0

续表

获得金融知识的渠道			利率知识		合计
			有	无	
观看电视节目	否	人数（人）	578	80	658
		占比（%）	87.8	12.2	100.0
	是	人数（人）	937	157	1094
		占比（%）	85.6	14.4	100.0
一对一指导	否	人数（人）	1485	232	1717
		占比（%）	86.5	13.5	100.0
	是	人数（人）	30	5	35
		占比（%）	85.7	14.3	100.0
手机短信	否	人数（人）	1441	197	1638
		占比（%）	88.0	12.0	100.0
	是	人数（人）	74	40	114
		占比（%）	64.9	35.1	100.0
微信帖子	否	人数（人）	1477	212	1689
		占比（%）	87.4	12.6	100.0
	是	人数（人）	38	25	63
		占比（%）	60.3	39.7	100.0
其他	否	人数（人）	1289	217	1506
		占比（%）	85.6	14.4	100.0
	是	人数（人）	226	20	246
		占比（%）	91.9	8.1	100.0

四、金融知识是否能增加银行服务的使用

在普惠金融框架下讨论金融能力，是要通过提高金融能力促进普惠金融发展。但是我们需要问的问题就是，金融能力提高以后，人们会有什么表现？我们设想，有金融能力的人在经济活动中更能够掌握自己的

主动性，更能够抓住机会提高自己的生活水平。但是需要从调查数据中获得足够的证据来证明这个设想的正确性。

具有金融知识使人能理解和关注其周围的金融服务状况，在条件许可的情况下，他们不会错过机会，主动利用金融服务来改善自己的生产生活条件。就金融服务而言，拥有银行卡是活动服务的开始，因此，有金融知识的人能认识到银行卡的重要性，拥有更多的银行卡。调查数据证明了这一点。表 8 –3 用统计学 T 检验来检验有无利率知识两组样本拥有银行卡数有没有显著的区别，其结果说明有利率知识的成年人，无论储蓄卡和信用卡持有量都比较多。

表 8 –3　　有无利率知识的持卡数差异

银行卡类别	利率知识		均值差值	标准误差值	t 值	Sig.（双侧）
	有	无				
储蓄卡数	2.28	1.87	0.416	0.050	8.307	0.000
信用卡数	1.09	1.03	0.056	0.014	4.047	0.000

银行卡的拥有并不意味着银行服务的使用。表 8 –4 显示，掌握金融知识的人，更多地选择使用银行、小额贷款公司和保险公司服务，分别多出 3.9 个、0.6 个和 4.8 个百分点。特别是在商业保险方面，如表 8 –5 所示，无论在财产保险、农业保险和农村养老保险，有金融知识的样本中购买这些商业保险的比例都比较高。

在使用数字金融服务方面，有利率知识一组也有良好的表现。其使用支付宝、微信、银行卡和网银支付的比例均明显增高，分别高出 6.6 个、7.7 个、5.0 个和 1.6 个百分点。

表 8－4　　有无利率知识者其银行服务使用差异

			未使用金融服务			银行服务			小额贷款公司			保险公司		
			否	是	合计	否	是	合计	否	是	合计	否	是	合计
掌握利率计算方法	否	人数（人）	991	524	1515	546	969	1515	1499	16	1515	1428	87	1515
		占比（%）	65. 4	34. 6	100. 0	36. 0	64. 0	100. 0	98. 9	1. 1	100. 0	94. 3	5. 7	100. 0
	是	人数（人）	164	73	237	76	161	237	233	4	237	212	25	237
		占比（%）	69. 2	30. 8	100. 0	32. 1	67. 9	100. 0	98. 3	1. 7	100. 0	89. 5	10. 5	100. 0
合计		人数（人）	1155	597	1752	622	1130	1752	1732	20	1752	1640	112	1752
		占比（%）	65. 9	34. 1	100. 0	35. 5	64. 5	100. 0	98. 9	1. 1	100. 0	93. 6	6. 4	100. 0

表 8－5　　有无利率知识者其保险购买率差异

			财产保险			农业保险			农村养老保险		
			否	是	合计	否	是	合计	否	是	合计
掌握利率计算方法	否	人数（人）	1861	38	1899	1690	209	1899	1513	386	1899
		占比（%）	98. 0	2. 0	100. 0	89. 0	11. 0	100. 0	79. 7	20. 3	100. 0
	是	人数（人）	378	26	404	326	78	404	301	103	404
		占比（%）	93. 6	6. 4	100. 0	80. 7	19. 3	100. 0	74. 5	25. 5	100. 0
合计		人数（人）	2239	64	2303	2016	287	2303	1814	489	2303
		占比（%）	97. 2	2. 8	100. 0	87. 5	12. 5	100. 0	78. 8	21. 2	100. 0

五、金融知识是否能增加信贷机会

一般而言，具有金融知识的人会更有效地使用信贷，尤其是那些精于利率计算的人，更能够理解资本的使用成本。调查发现，在有利率知识的人中有 40. 5% 上年申请了贷款，没有利率知识的只有 21. 8% 申请了贷款。金融知识让人更有信心，更主动地寻找机会。

金融知识的作用还反映在信贷的使用上。具备金融知识，特别是利率知识，在信贷的使用上更加明智，他们把贷款主要用于生产投资而不

是消费。在表 8－6 中，有利率知识组在农业及工商业和金融投资两个用途的借款，显著多于无利率知识组，特别是农业及工商业借款，相差近 1.09 万元，T 检验证明了这个差异的真实性。其他用途的借款虽然也比较高，但是没有通过统计学的检验。这充分说明，金融知识可以改善决策的合理性。

不仅是在金融机构借贷有差异，有金融能力的一组平均从民间借贷达 50272 元，缺乏金融能力的一组的民间平均借贷额只有 33276 元，相差近 1.7 万元，两组平均值的差异通过了统计学的显著性检验。

表 8－6　　有无利率知识者其借贷差异

收入类别	利率知识		均值差值	标准误差值	t 值	Sig.（双侧）
	有	无				
农业及工商业借款（元）	23327.1	12396.8	10930.3	3775.8	2.8949	0.0038
房屋借款（元）	4969.2	3730.8	1238.4	1210.6	1.0229	0.3064
汽车借款（元）	1500.0	1003.9	496.1	785.5	0.6316	0.5277
金融投资借款（元）	470.2	84.4	385.8	157.1	2.4556	0.0141
信用卡借款（元）	368.2	232.8	135.3	194.2	0.6969	0.4859
教育借款（元）	1292.9	811.8	481.1	319.9	1.5040	0.1327
其他借款（元）	3788.1	3869.3	−81.2	1363.3	−0.0596	0.9525

利率知识最直接的应用就是在贷款时正确计算利息，避免高利率。调查发现，具有利率知识的受访者从金融机构贷款的平均利率为 5.9%，而没有利率知识的一组支付的平均利率为 7.43%，但是这种差异没有通过统计学的检验。民间借贷却相反，具有利率计算能力的一组表现得更敢于使用民间更高利率的借贷，其支付民间借贷的平均利率为 6.37%，而无利率计算能力组支付的民间借贷平均利率为 3.7%。金融

知识的效果显而易见。

在未来的贷款需求上，具有金融知识一组，有27.2%的人表示未来有借贷的意愿，无金融知识一组只有17.9%的人表示有贷款需要。需求的额度也不一样，有利率计算能力的，借贷能力也高，表现在（见图8-5）他们高额度借款的比例均高于无利率计算能力组。

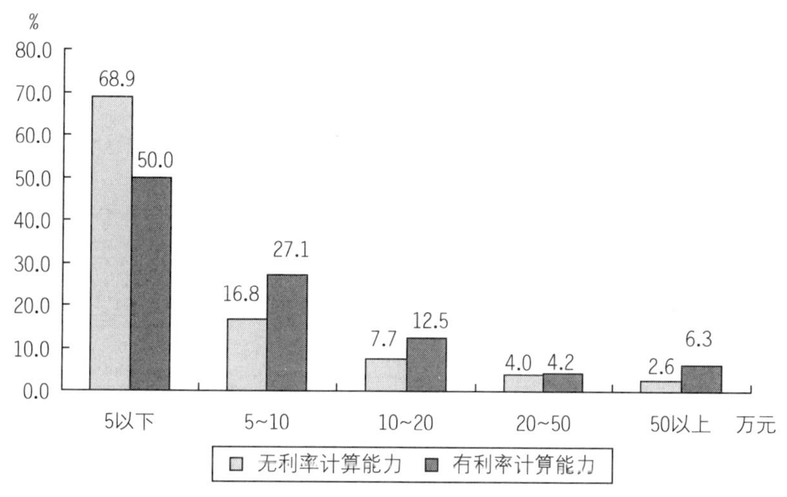

图8-5　贷款计划比较

以利率知识有无来衡量金融能力进行的对比分析表明，金融能力提高可以增加贷款的能力。贷款的额度和利率水平的接受能力，都体现了金融能力的显著作用。

六、金融知识是否与生活水平相关

无论是发展普惠金融，还是提高金融能力，其最终目的都是提高收入，改善生活。一般来说，金融能力作为一种人力资本直接和间接地投入生产活动。金融能力提高了融资能力、使用金融服务能力、在生产生活中的决策能力，其结果会使与之相关的经济活动的效率有所提高，因此收入提高。表 8 –7 显示，掌握利率知识的家庭中农业、工商业和工资收入都明显高于没有利率知识的家庭，T 检验达到 95% 的显著水平，说明两组家庭确实存在差异。而在财产性和转移性收入方面，两类家庭虽然有差异，但是 T 检验没有达到显著水平，没有把握说两组家庭的这两项差异有本质的区别。

表 8 –7　　　　利率知识对家庭收入的影响

收入类别	利率知识		均值差值	标准误差值	t 值	Sig.（双侧）
	有	无				
农业收入（元）	37592.7	24600.0	12992.6	3523.8	3.6871	0.0002
工商业收入（元）	6792.3	2041.4	4750.9	1635.4	2.9050	0.0037
工资性收入（元）	9390.3	4529.5	4860.7	1234.3	3.9380	0.0001
财产性收入（元）	3664.4	2026.5	1637.8	1100.6	1.4881	0.1368
转移性收入（元）	4396.4	2811.8	1584.6	1189.4	1.3322	0.1829

七、金融知识对生产生活的影响

当前大多数研究聚集于如何提高金融能力，对金融能力提高以后会有什么结果的研究比较少。其原因除了缺乏数据以外，还由于金融能力造成的影响非常复杂，增加了评估的难度。另外，就是受政策的影响，政策多是在“金融能力的提高必然带来好结果”假设的基础上作出决策的。

从理论的角度，“培训→金融知识→金融能力→改善生产生活决策→改善生活”是一个合理的推理。部分研究已经从侧面证明了这个推理有一定的实证基础。Bernhait、Garret 和 Makit（2001）研究发现，在开设金融必修课成长的人比没有开设金融必修课的人储蓄率高。Dane（2010）、Collins（2010）发现必修课对金融知识、行为、储蓄和征信有显著影响。Walstad、Rebeck 和 McDonald（2010）用准试验方法分析发现金融教育是有影响的。

我们按有无利率知识，把一个包含 3010 个农户样本的问卷调查数据分为两组，对比分析他们之间的差异，通过统计检验其差异的可靠性。结果让我们相信，培训能够增加金融知识，提高金融能力；金融能力能够刺激金融需求，改善金融决策，最终改善生活水平。金融知识和能力培训可以成为普惠金融发展的重要措施。

金融知识对生活水平的影响过程，首先是影响个人对金融服务的需求，可以激励他们主动获得金融服务，如拥有银行卡和使用数字金融服务等。其次是提高使用金融产品的能力，如使用比较高额度的金融机构和民间贷款。再次是提高效率，例如更有效地利用金融机构的各种优惠政策，降低贷款利率。同时在利用民间资本时，他们又表现出具有比较高的利息支付能力。说明他们可以使用成本较高的资本进行生产，也证明他们的生产效率比较高。最后，他们对使用金融服务具有较好的规划。

分析发现了一个令人眼前一亮的结果，除了培训以外，手机短信和微信帖子已经成为人们掌握金融知识的重要渠道。这个结果告诉我们，充分利用手机和微信作为金融知识宣传的渠道，可以有效地提高全社会的金融能力，促进普惠金融发展。

第九章

金融能力与精准扶贫①

普惠金融和扶贫具有很大的重合度。普惠金融本身属于发展的理念，包含在包容性发展之中。包容性发展是通过增加经济增长的包容性，使所有不同阶层的人群能够分享到经济增长带来的红利。普惠金融也是要增加金融服务的包容性，使各阶层人群分享金融发展的好处。无论是包容性发展还是普惠金融，关键内容都是要把弱势群体包容到经济活动中来，促使他们改善生活水平。因此，它们都具有扶贫的意义，有共同的目标和共同的目标群体。

① 本章基于中国金融教育发展基金会、Visa公司、长春金融高等专科学校和中国人民大学中国普惠金融研究院（CAFI）联合在吉林、黑龙江和内蒙古等33个贫困县进行的3010份问卷的调查结果进行分析。

精准扶贫实际上是一种在目标和目标群体上要求更精确的扶贫模式。它区别于过去的比较宏观的扶贫模式，要求将扶贫资源更具有针对性地投放到更明确的目标群体，解决更加明确的问题，本质上是提高扶贫资源的社会效率问题。金融最主要的作用就是能够提高效率，可以成为精准扶贫的一个重要手段。

过去在扶贫和普惠金融实施过程中，很容易有一个共同的不足之处，就是都强调资源供给和利用，而忽略了发展的主体方，也就是目前全体居民的能力问题。扶贫项目和政策都强调扶贫资金的投入和基础设施建设，普惠金融强调金融服务的提供，把大量的注意力集中于普惠金融机构和基础设施等。在大面积的粗放式扶贫和传统的普惠金融概念中，这些方面都很重要，也曾经发挥了巨大的作用。但是在精准扶贫的模式下，更重视和强调通过能力建设来增强贫困群体自身的可持续发展。这与本书提出的普惠金融新理念不谋而合。在贫困地区，金融能力建设是一个非常急迫的扶贫问题，调查发现通过能力建设可以增强扶贫效果。

一、贫困地区融资能力较弱

融资能力是金融能力中最重要的能力。对于一个家庭或者企业来说，融资的目的要么是扩大生产，要么是平衡当前和未来生活需求。作出是否融资的决策需要有金融能力，它包含金融知识、技能、偏好和态度等因素的综合能力。当然金融能力能否转化为融资能力，需要金融环境作为前提条件，特别是金融基础设施和融资渠道等因素。

（一）融资渠道单一制约融资能力的发挥

融资渠道的多少和分布反映金融服务的可获得情况，也反映金融服务在当地的竞争程度，这与金融服务质量有直接的关系。调研发现，最贫困地区提高服务的金融机构类型较为单一，农村信用社、农业银行、邮储银行等是农民获得贷款的主要渠道，通过村镇银行和小额贷款公司等新型金融机构贷款的农民较少，通过资金互助社和互联网进行融资的农民更是微乎其微（见图9－1）。

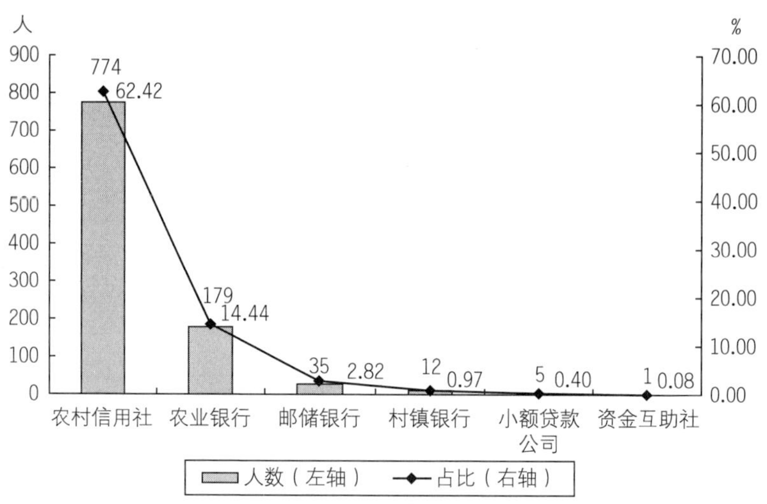

图9－1　申请贷款的正规金融渠道

在缺乏竞争的状况下，金融服务的改革创新步伐缓慢，这不利于服务质量的提升，会影响农户融资能力的发挥。通常的表现就是金融机构不愿意对服务的流程和风控模式进行新的探索和改革，习惯于过去形成的拖沓冗长的服务流程。从申请到获得贷款平均需要时间为21.8天

（见图9－2）。只有26.6%的贷款可以在5天以内完成从申请到贷款的流程，59%的贷款需要10天时间。这与我国发达沿海地区相比，仍然有很大的提高空间。

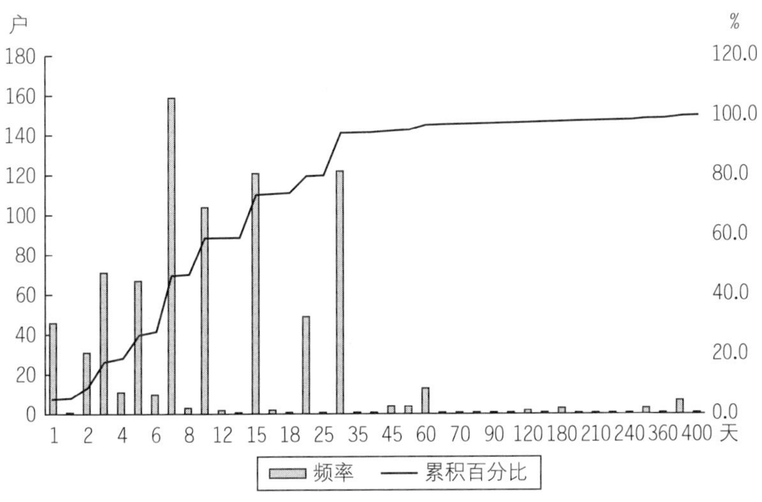

图9－2　贷款审批时间分布情况统计

缺少选择和漫长的过程，很容易导致供给不足，迫使贫困地区的农户转向民间融资渠道。调查发现，有26.4%的农户有从民间借贷的经历，相比之下，只有24.3%的农户在上年向金融机构申请了贷款，表明民间和金融机构发挥了类似的作用。更有趣的是，即使已经从金融机构获得融资的农户，也要以民间融资作为补充。有金融机构和民间双重借款的户数，占民间借贷户数的26.6%。叠加起来，具有借款（民间和机构）的农户占所有农户的43%。尽管我们都希望正规的金融机构能够完全解决农村贫困地区的融资问题，但这个事实告诉我们，单靠任何一方都不能完全满足农村的融资需求。

在缺乏选择空间的金融服务环境中，贫困地区农户的融资能力没有什么发挥的余地，再加上太长的等待时间，使农户丧失生产时机，长此以往，减低了农户对金融机构的信赖，挫伤他们从金融机构融资的积极性。尤其是贫困户，他们唯一的办法是从民间借款。

（二）利率差异挑战贫困地区农户的融资能力

当一个农户需要借款的时候，一方面要考虑有没有可能获得借款，另一方面要考虑能够承担的利息，实际是融资成本，包含利息和为得到借款而付出的部分开支。选择合适的付得起的贷款，需要综合的金融能力。之前我们讨论了以“是否能计算利率”作为考量金融能力指标，我们也发现贫困户在这方面的能力明显低于非贫困户。在缺乏利息或者融资成本计算能力的情况下，很容易被各种不同的利息计算方法和表达方法所迷惑，产生不理性的融资行为，或者不敢借款，或者过度负债。

当然，在贫困地区，由于金融机构单一，利率往往受到监督，总体利率相差不太大。但是，从民间借贷或者是从市场化程度比较高的金融机构借款，需要有能力鉴别不同产品之间的融资成本。在调查的贫困地区，根据农户自报的2016年支付利率，金融机构贷款利率的平均值为5.65%，极小值为0，极大值为20%，标准差为4.379；民间借贷利率的平均值为4.16%，极小值为0，极大值为25%，标准差为6.734。两个均值的差异达到统计学的显著水平。

这个结果与很多人的主观认识相反，他们一提到民间借贷，就把它和高利贷联系在一起。而事实却相反，从平均水平来看，金融机构的利率显著高于民间借贷利率。由于没有监管，最高利率出现在民间。同时，民间借贷的利率是自由谈判的结果，平均利率低但变化较大。民间融资有 89.2% 为亲友借款，利率很低，或者利率为零。当然，在非常时期也会考虑高利贷，调查的贫困地区有 8.82% 的借款为高利贷。

农户必须在机会和成本之间进行选择取舍，这很考验其金融能力。

（三）征信记录缺乏削弱融资能力

在许多人眼里，贫困户是没有信用的，不愿意为他们提供贷款机会。尤其是正规的金融机构，其严格的风险控制措施，包括抵押、担保和征信体系，常常实际上把贫困户排除在金融服务之外。实际上，担保抵押只是降低银行整体风险，没有降低某一笔贷款的风险。某一笔贷款的风险来自借贷人的能力高低、道德水准和经济环境的稳定性，或者与个人的信用有关。金融机构往往没有足够的信息来评价贫困户的信用，而民间则有足够的信息。在我们调查的贫困地区，从民间借款的人数比例来看，没有明显的贫富差异，非贫困户为 29.4%，贫闲户为 29.0%。从借贷额度看，非贫困户平均借贷为 49227 元，贫困户为 34686 元。说明贫困户在民间的融资能力低，不是因为他们没有信用，而是因为他们生产经营能力低和缺乏抵押物。

一般来说，贫困地区家庭的资源总量比较少，劳动力数量有限，加上市场发育往往滞后，生产能力不足，融资需求也比较小。在图 9－3 中，所调查的贫困地区农户融资需求主要在 1 万～10 万元。在申请贷款的农户中，有 41% 申请 1 万～3 万元额度，44% 申请 3 万～10 万元额度。

抵押物不足严重影响融资能力。在调查地区有 41.78% 的农户有过申请贷款审核未通过的情况。其中，有 44.94% 是因为没有抵押物或抵

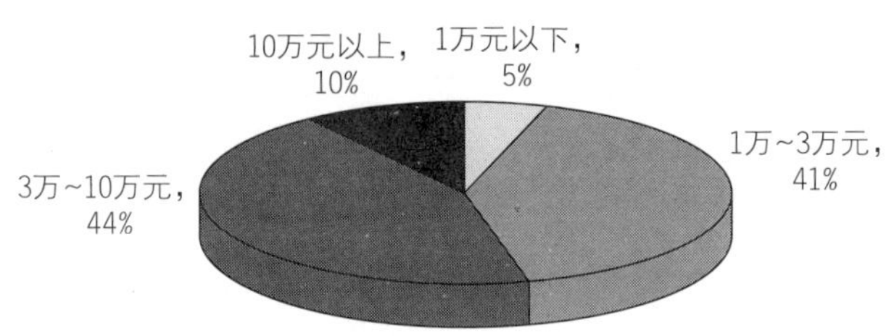

图 9－3　2016 年申请贷款最高金额分布情况

押物不足；31.01% 因为无人担保；11.39% 因为信用记录不良；7.59% 因为没有信用记录；5.06% 因为没有收入或收入太低，而申请失败（见图 9－4）。由此可见，资产和信用对融资的重要性。

一般来说，贫困地区、贫困户在可抵押资产数量和质量方面存在劣势。更重要的是，农村的资产不容易变现，一旦出现风险，不容易进行资产处置。表面上，信用不良和有无信用记录直接反映信用高低。实际上，信用也关系到能否获得第三方担保。传统金融机构长期形成的理论和制度，对贫困群体的估值比较低，偏见地认为贫困人群不讲信用，道德风险高。虽然，有不少的事实已经证明，借给贫困户的小额贷款的逾期率远低于大额贷款。金融机构传统贷款模式的习惯性思维，使贫困户

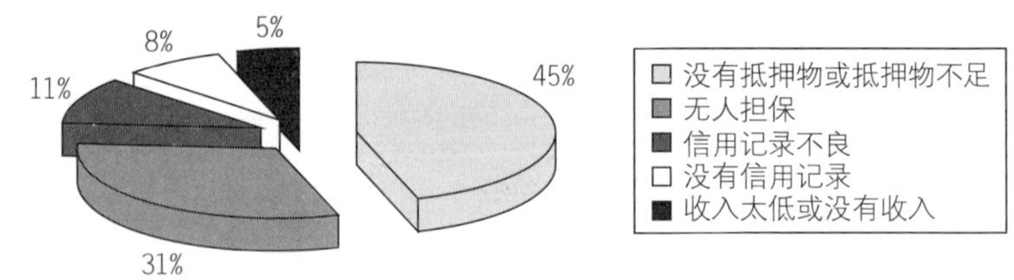

图 9－4　申请贷款未获批准原因

不容易获得金融机构的信任。

（四）农户借贷的意愿低

金融能力与农户的主观能动性有密切关系，往往体现在对金融的需求。所调查的贫困地区只有 12.9% 的农户有融资需求。其中，64.8% 的人计划借款额度为 5 万元以下；19% 的人计划借款 5 万～10 万元；16.22% 的人计划借款 10 万元以上。在融资渠道选择上，有 52.8% 希望通过银行进行融资，33.15% 希望通过亲友借款，4% 的人打算借高利贷，极少的人打算通过贷款公司、网络借贷和典当行借钱（见图 9－5）。

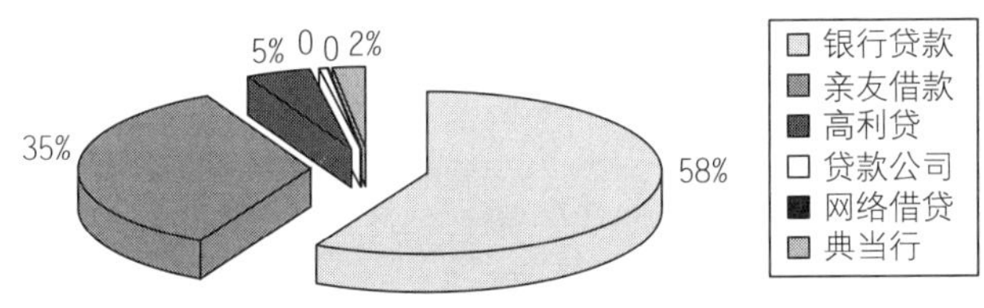

图 9－5　未来预期选择的融资渠道

（五）贫困户融资能力较低

由于抵押物和信用记录不足等各种原因，贫困农户使用贷款的意愿和借贷额度小，使用贷款的农户比例不高。在调查地区，只有 19.4% 的建档立卡贫困户申请了贷款，而有 25.8% 的非贫困户申请了贷款。

生产经营能力的高低，常常反映在生产性借款方面。调查的结果证明了生产性借款是贫困地区农户融资的主要目的。户均生产性借款占借

款总额的58%。当然不是所有的农户都借款进行生产。具有生产性借款的农户只有22%。与贷款申请情况相似，只有16.5%的贫困户有生产性借款，而非贫困户达23.7%。生产性借款额度差也有显著差异，贫困户平均借贷35463元，非贫困户53403元。

在房屋建设借款方面，贫困户的借款额度也低于非贫困户。在贫困户中能借到房屋建设贷款的只有3.1%，而非贫困户有5.9%。二者户均贷款额也有差距，贫困户户均建房借款额为35923元，非贫困户为56991元。

二、缺乏金融能力导致高覆盖度的金融服务使用率低

实际上，尽管金融基础设施还需要改进，但是，从支付的角度来看，覆盖率不算低。特别是由于手机信号的高覆盖率，手机银行的覆盖率也很高。此外，在每一个乡镇所在地，都至少有一家金融机构的服务机构，还有不同银行的ATM。在行政村一级，部分金融机构设有助农取款点/综合金融服务站。在部分自然村，金融机构通过代理为农村居民提供最基本的金融服务，包括储蓄、取款、转账、支付各种费用和查询等。

但是，调查发现，由于金融能力低，贫困地区金融服务的使用率并不高。图9-6是农户对其周围金融设施的知晓情况。在每个村都有服务站的情况下，大约有一半的受访者表示知道当地有助农取款点/综合金融服务站和ATM服务。在每个乡都有信用社或银行的分支机构的情况下，只有14.8%受访者表示知道有银行和农村信用社服务。为什么知晓度这么低呢?

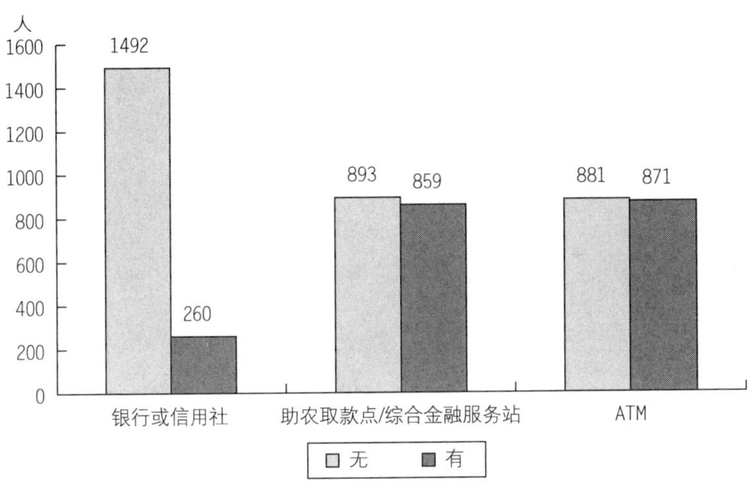

图 9-6　农村金融基础设施的知晓度

用实际使用情况来核实知晓度，更加让人感到困惑。如图 9-7 所示，有 73.3% 的受访者在银行柜台办理过业务，在大多数情况下乡级信用社或银行分支机构才有银行柜台，因此我们知道，他们都去过乡级

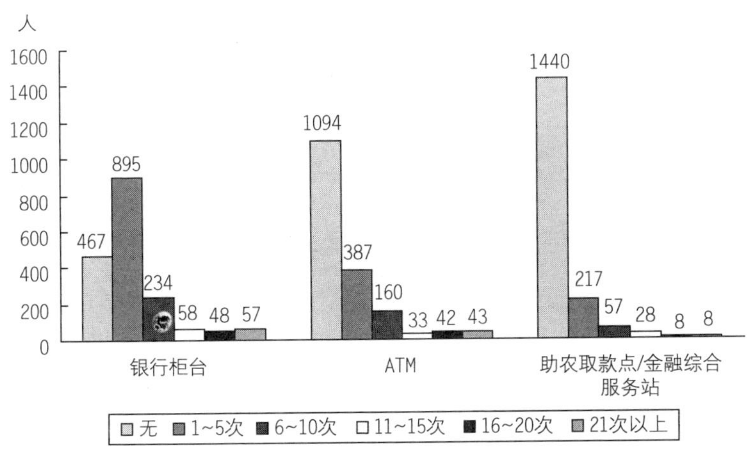

图 9-7　受访者使用金融机构、机具的情况

信用社或银行，但是只有 14.8% 的受访者表示他们知道那是信用社或者银行。

这种差距很可能是缺乏金融素养造成的。在大多数情况下，农户只是被动地使用了银行服务。例如，政府发放补助或子女在外寄回钱等情况很普遍，农户只是把银行乡镇一级的分支机构当作取款的一个渠道，在需要时到银行把钱取出，他们并不了解银行提供的各种服务，自身也没有金融能力来使用银行的服务，因此对乡镇银行分支机构的印象不深刻，出现高使用率低知晓度的现象。而对村内的服务点，由于地理位置近及村民之间的交流，其知晓度比较高，同样也是由于自身金融能力有限，不能积极地使用它提供的服务，因此出现高知晓度低使用率的现象。

金融能力的缺乏，同样导致银行卡的拥有率和使用率的差距。如图 9-8 所示，储蓄存折、储蓄卡和定期存单三种储蓄凭证持有率分别为

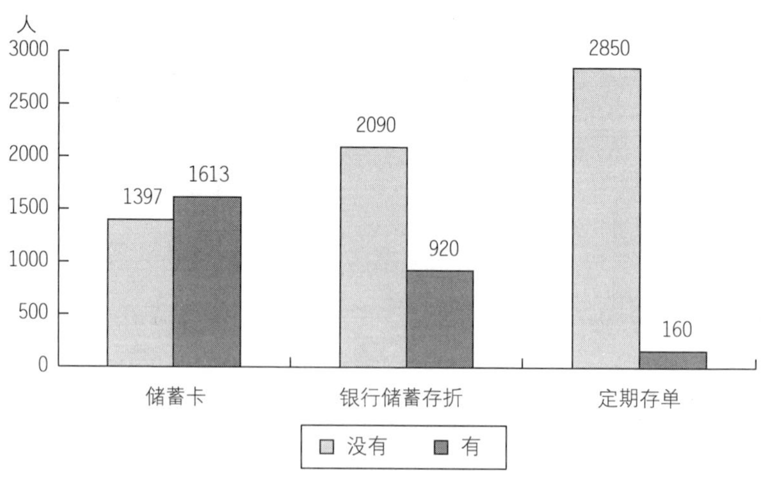

图 9-8　受访者拥有储蓄账户的情况

53.6%、30.6%和5.3%。储蓄、收付款和缴费三种主要用途的银行卡的使用人数比例分别为29.4%、10.6%和5.9%（见图9-9）。有不少农村居民，已经具备使用银行服务的基本条件，但是由于各种原因并没有充分应用。这可能和金融能力特别是金融习惯有关，体现为：有91.6%受访者承认，他们使用现金是因为习惯的原因，仅有6%的受访者认为是因为金融机构网点少。

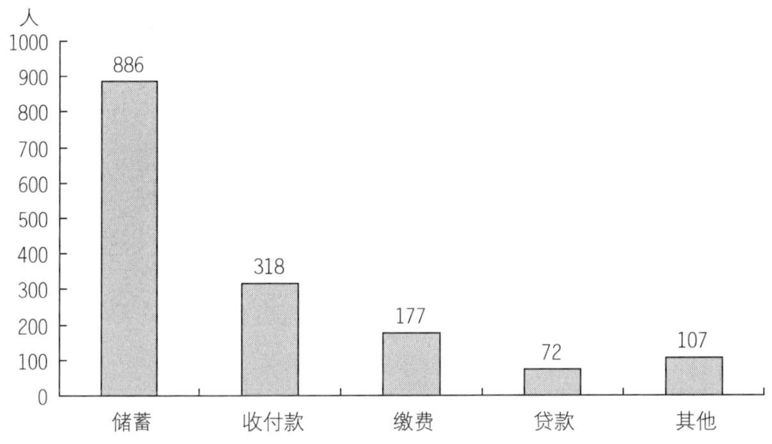

图9-9 受访者使用银行卡情况

三、金融能力低是推进数字普惠金融的主要障碍

数字普惠金融依赖于数据技术的发展和普及应用。一般而言，数据技术首先在城市和发达地区发展应用，在欠发达地区滞后，但是存在技术发展而使贫困地区后发先至的可能性。目前中国移动通信技术的发展和普及，可以使贫困地区的金融服务从低水平直接跃升到较高的水平。这种跃升是需要前提条件的，例如，移动电话特别是智能电话的拥有率

等是手机银行和手机支付的必要条件。

目前，手机已在所调查的贫困地区的农村得到普及，有91.98%的人使用手机，其中使用智能机的为49.59%，31.3%的家庭有电脑。但是使用过手机银行和网银的仅有7.8%和7.4%，其主要用于转账、汇款、缴费和网上购物（见图9－10）。建档立卡贫困户使用手机银行和网银的比率更低，分别为4.1%和4.8%。

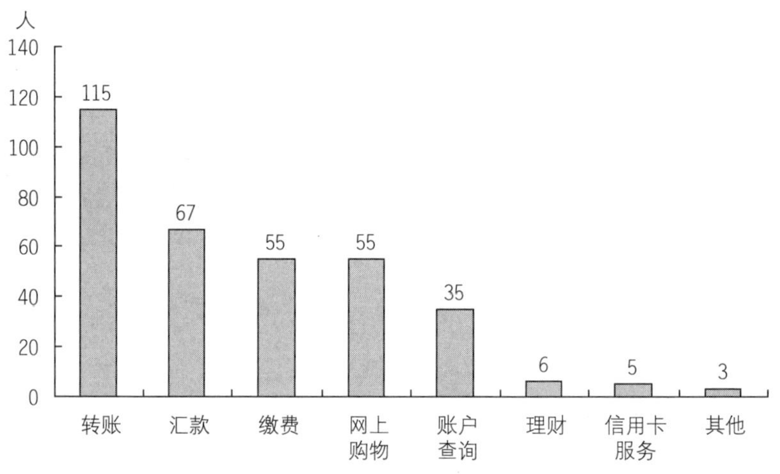

图9－10　使用手机银行服务情况

这种有服务而不用的状况同样存在于第三方支付，如微信、支付宝。有14.8%的受访者使用微信支付，4.4%的受访者使用支付宝（见图9－11）。然而有33.33%的受访者表示有微信账户但几乎不用微信钱包功能，27.25%的受访者表示每月都用但使用次数不足5次，使用的功能主要是收发红包，其次为收付款、手机充值、购物和缴费，而“微粒贷”和理财通等功能几乎很少使用。绑定银行卡的受访者比例也不高，仅有53.6%。

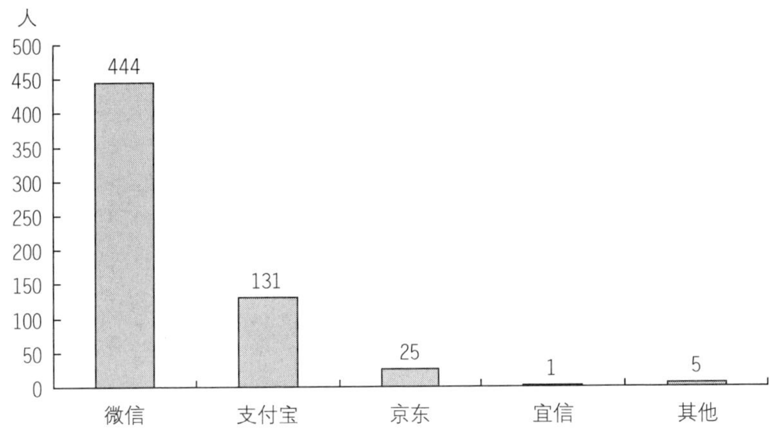

图 9－11　使用互联网公司的金融服务情况

手机在金融方面的使用率低，其根源还是金融素养或能力低。在调查样本中，只有 8.8% 的人知道手机银行的使用，而具有微信使用能力的人数比例达 38%（见表 9－1）。再一次说明，发展数字普惠金融更需要提高金融能力。

表 9－1　　手机使用技能统计表

手机用途	人数（人）	百分比（%）
手机银行	265	8.8
微信	1144	38.0
手机淘宝	274	9.1
网络游戏	158	5.2
微商	48	1.6
在线商城 APP（如京东）	39	1.3

四、家庭金融风险管理意识淡薄

风险是贫困发生的一个非常重要的原因。防范金融风险常常被列为重要的扶贫手段。培养贫困户的抵御金融风险的能力是防范风险的主要内容。金融产品中保险是防范风险的一种市场化运作机制，在发达地区已经发挥了显著的作用。因此，如何使用金融产品来化解风险是家庭必备的金融能力。但是，我们所调查的贫困地区，家庭风险管理的意识非常淡薄。

如图 9－12 所示，调查地区新型农村合作医疗保险的参保率为 79.27%，相比全国平均参保率 98.90%，低了 19.63%。农村养老保险的参保率为 16.5%。商业保险的参保率都较低，其中，农业保险参保率为 9.53%，财产保险参保率仅为 2.13%。农民购买的其他保险，主要是人身意外保险。

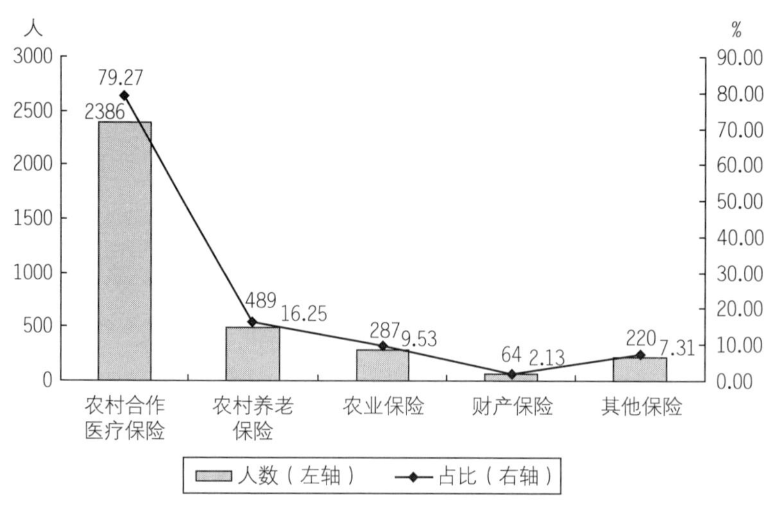

图 9－12　农民购买保险情况

保险覆盖率低，可能与金融风险偏好有关联。受访者中 73.90% 的人不愿意承担风险，其中，51.56% 的人不愿意承担任何风险，22.34% 的人可以承担略低的风险。另外，还有 7.38% 的人为了获得高回报，愿意承担高风险（见图 9－13）。人们把购买保险看作一种风险投资，由于其可以预见的回报率低而不愿意购买。

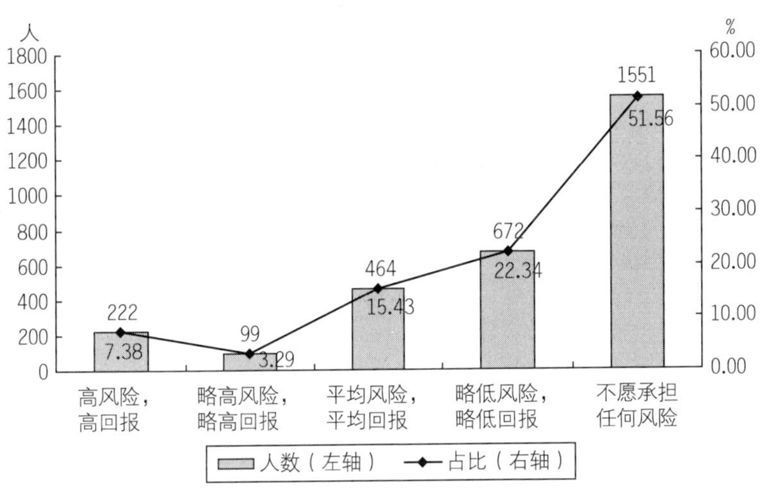

图 9－13　农民风险偏好情况

五、金融教育极度短缺

金融教育对于普及金融知识、提高金融技能以及提升金融素养等，都是不可或缺的。对于弱势群体的关注需要从福利模式转型到能力模式，通过金融教育提高其金融能力，以确保低收入家庭可以获得合适的产品和服务。但是金融教育极度短缺，是金融能力低的主要原因。

（一）正规金融教育供给不足

金融服务提供方、政府部门和教育机构是为农民提供金融教育培训的三大主体，但三大主体的参与度有较大差距。金融机构是主要的供给主体，政府部门和教育机构的贡献度相对较弱。在调查地区，只有 8.85% 的受访者过去一年里参加过金融教育培训，其中，78% 的人是由金融服务提供方（包括银行、农村信用社、小额贷款公司）组织的，18.7% 的人由政府部门组织，12.9% 的人由专业教育机构组织（见图 9－14）。

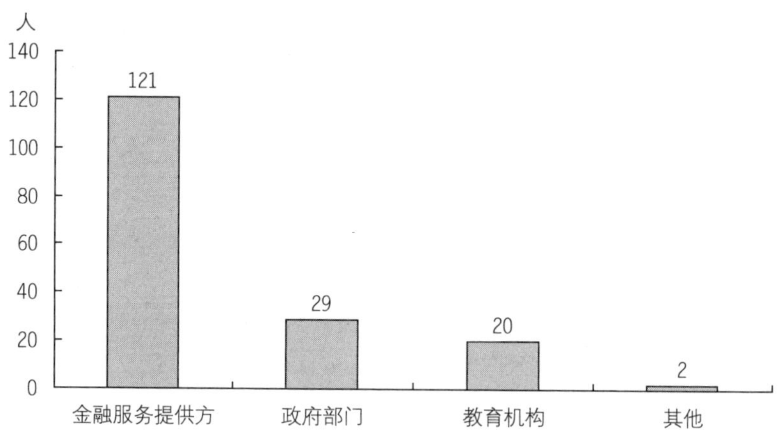

图 9－14　参加金融教育培训的主办方

除了金融教育的培训，更多农民通过观看电视节目、阅读业务宣传单等渠道进行金融知识的学习。62.4% 的受访者表示通过观看电视节目了解金融知识；26% 的人通过阅读业务宣传单获取；还有部分受访者通过阅读手机短信（6.5%）和参加集中培训（7.9%）获取金融知识

(见图 9－15)。可见培训并不是提高金融能力的唯一途径。

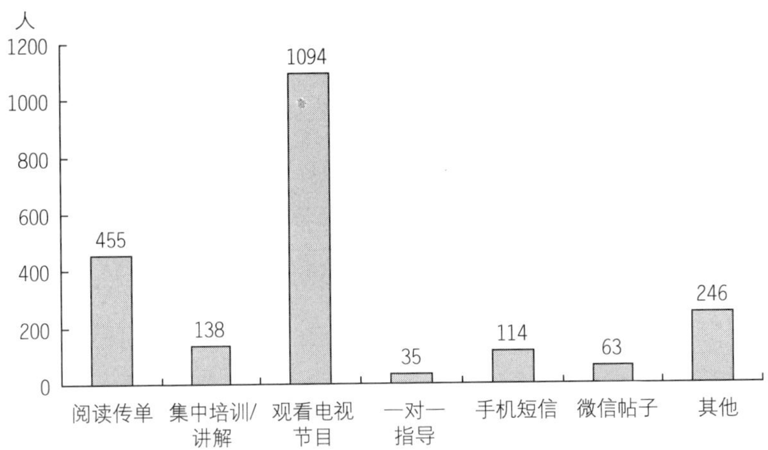

图 9－15　了解金融知识的渠道

(二) 提高金融能力的积极性不高

只有意识到提高金融能力的重要性，农户才会主动学习，各种培训和宣传才会有效。在当地银行或信用社进行金融知识宣传相当频繁的情况下，只有 21.58% 的农民知道有这样的活动。另外，仅有 11.33% 的农民向自己的亲友请教学习金融知识。大多数农民并未主动向亲戚朋友请教学习金融知识。一方面，是由于农民主观上金融意识淡薄，认为学习金融知识并不是必要的，金融需求不多且和自身利益关系不大；另一方面，这与农民及其周边亲戚朋友自身的金融教育水平都较低、农村整体的金融教育氛围不浓的现实情况也相关。

（三）金融知识掌握程度不高

在对金融知识掌握情况的调研中，如何区分假币，是比较普遍的自认为掌握了的技能，而对于保险、股票、期货方面的知识几乎是空白。调研中，很多受访者甚至不知道这些名词。金融知识水平仅限于货币支付、贷款流程、真假币识别等，对于金融工具的运用情况几乎不了解。对于金融机构也仅限于知晓银行、农村信用社，对保险公司、期货公司知之甚少（见图9－16）。一方面说明农户的金融知识及金融需求有限，金融能力较低；另一方面也反映农村金融教育比较落后，硬件设施、传播推广度等都远落后于城市。通过数据分析可知，农民的金融知识普及、金融教育开展的任务任重道远。

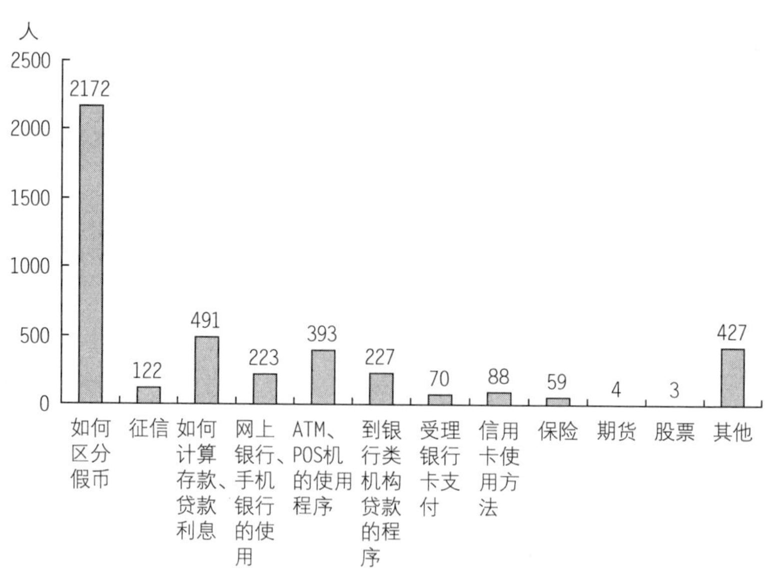

图9－16　掌握金融知识情况

（四）贫困程度影响金融学习态度

比较建档立卡贫困户与非建档立卡贫困户参加金融教育培训的情况发现，参加培训的受访者比例分别为 3.84% 和 10.41%。较低的受教育水平及较贫困的状态伴随而来的是较低的金融培训意愿，较少的金融培训会影响其金融能力的提升。而非建档立卡贫困户的情况也不是非常乐观。

六、金融能力建设是精准扶贫的一条捷径

提高金融能力能不能成为一种有效的扶贫手段，是我们关心的主要问题。在对大量问卷数据进行分析后发现，在贫困地区，与金融基础设施相比，金融能力缺乏问题更加突出。表现为在每个乡镇都设有信用社或者其他银行分支机构的情况下，有 73.3% 的人使用过银行和信用社的柜台服务，却只有 14.8% 的人知道银行和信用社为他们提供服务，折射出贫困地区人民对金融服务的一种消极态度。同样地，银行卡的持有率高于使用率，有 91.6% 的人因为习惯原因使用现金；在手机普及率达 91.98%，其中 49.59% 为智能机的情况下，手机的应用局限在通信功能，而只有 8.8% 的人知道如何使用手机银行。这种高覆盖率低使用率的现象，可以归结于缺乏金融能力。金融能力低的原因，归根到底是金融知识传播途径不足，农户对提高金融能力的意识不高。

分析还发现，农村贫困人群和非贫困人群使用金融机构的信贷服务方面有一定的差异，但是在民间借贷方面却没有显著的差别。贫困人群从金融机构借贷的户数比例比较低。在借贷的额度上，无论从金融机构

还是民间借贷，贫困户都比较低，说明贫困户的自身使用信贷能力比较低，这可能与贫困户拥有的其他生产资源少、生产规模小有关，当然也和他们的金融能力较弱有关。贫困户金融能力低还体现在贫困户使用手机银行和网银的比率低，以及参加培训的农民数量少。

把焦点投放在金融能力建设方面，并非忽视金融基础实施和金融供给等方面的重要性。基于上述分析结果，我们认为，金融能力是贫困地区金融扶贫的短板，需要采取措施提高农村居民尤其是贫困户的金融能力，配合金融基础设施、金融服务和数字普惠金融的发展，一定可以获得良好的效果。

一是加大金融培训力度，满足农户学习金融知识的需求。农户的金融教育水平受外部因素和内部因素共同影响。令人惊喜的是，虽然目前农户金融知识十分欠缺，但是他们对学习金融知识的热情、提高金融受教育水平有较高的愿望。调查未来6个月是否有兴趣参加金融知识培训一题显示，愿意参加学习培训的农户达59.3%（见图9－17）。

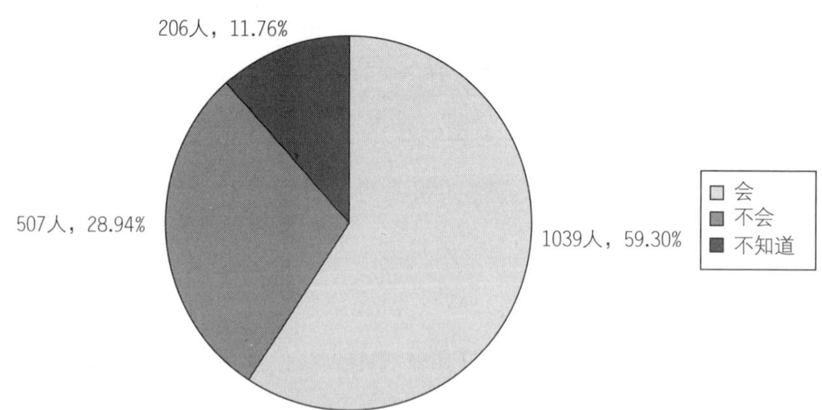

图9－17　如果未来6个月内有关于金融知识的培训，是否会有人参加

农户对贷款及其注意事项、怎样预防电信诈骗、如何识别假币方面需求最为突出，对如何使用 **ATM**、如何使用手机银行等操作知识也很关心（见图 9－18）。良好的金融环境、金融教育的支持有利于农户金融教育水平的提高，应加大金融培训力度，满足农户金融需求。

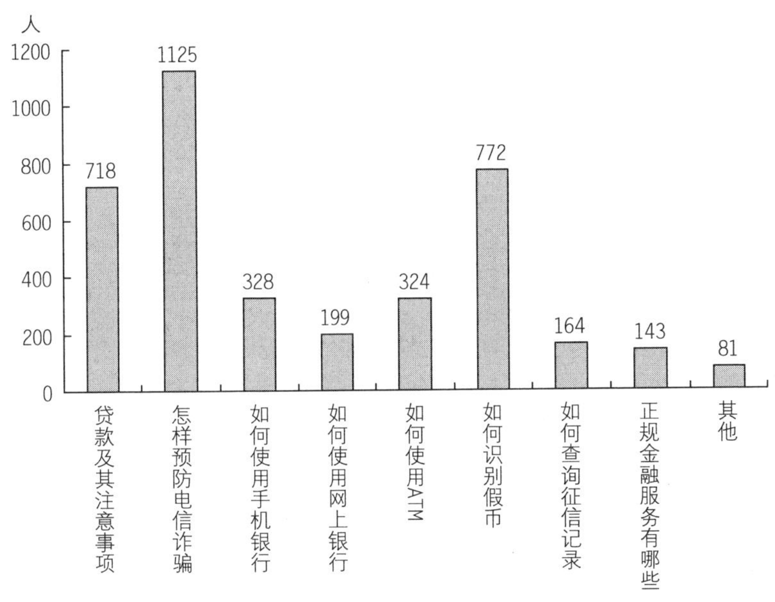

图 9－18　最想了解的金融知识

二是扩大金融知识普及的深度和广度，形成农村金融教育的长效机制。农村金融教育首先要做好金融知识的普及，向农民普及基本金融常识，同时将金融知识普及的典型经验和服务模式标准化、规范化，在片区做好推广。向农民群众宣讲农村金融知识，让农民了解金融知识，提高金融素养，运用金融产品，进而借助金融资源，获取金融福利。